"十二五"职业教育国家规划教材
经全国职业教育教材审定委员会审定

新世纪高职高专精品教材·财政金融类

金融学基础习题与实训

（第四版）

主　编　李　春　曾冬白
副主编　梁桂云　徐雨光
参　编　吕鹰飞　戴晓冬

大连出版社

内容简介

本书是新世纪高职高专精品教材·财政金融类《金融学基础》的配套辅导用书,集中了《金融学基础》的主要知识点并进行必要的实务训练,每章包括填空题、单项选择题、多项选择题、判断题、名词解释、简答题、计算题及案例分析题等内容,使学生牢固掌握金融学的基础知识,提高学生准确获取信息的能力及分析问题和解决问题的能力。

Ⓒ 李 春 曾冬白 2008

图书在版编目(CIP)数据

金融学基础习题与实训/李春,曾冬白主编. —4 版. —大连:大连出版社,2017.8
(2019.8 重印)
"十二五"职业教育国家规划教材. 新世纪高职高专精品教材. 财政金融类
ISBN 978-7-5505-1227-6

Ⅰ.①金… Ⅱ.①李… ②曾… Ⅲ.①金融学 - 高等职业教育 - 教学参考资料
Ⅳ.①F830

中国版本图书馆 CIP 数据核字(2017)第 176094 号

出 版 人:刘明辉
策划编辑:侯娟娟
责任编辑:侯娟娟
责任校对:李玉芝
封面设计:林 洋
版式设计:侯娟娟
责任印制:孙德彦

出版发行者:大连出版社
　　地　址:大连市高新园区亿阳路 6 号三丰大厦 A 座 18 层
　　邮　编:116023
　　电　话:(0411)83620722/83621075
　　传　真:(0411)83610391
　　网　址:http://www.dlmpm.com
　　电子信箱:tianshi_hjj@126.com
印 刷 者:大连市东晟印刷有限公司
经 销 者:各地新华书店

幅面尺寸:170mm×240mm
印　　张:6
字　　数:139 千字

出版时间:2008 年 4 月第 1 版
　　　　　2017 年 8 月第 4 版
印刷时间:2019 年 8 月第 8 次印刷
书　　号:ISBN 978-7-5505-1227-6
定　　价:18.00 元

版权所有 侵权必究
如有印装质量问题,请与印厂联系调换。电话:0411 - 87835817

出版说明

高等职业教育既是我国高等教育体系的重要组成部分,也是我国职业教育体系的重要组成部分。近年来,我国高等职业教育蓬勃发展,为现代化建设培养了大量高素质技能型专门人才,展现了其独有的优势。

高等职业教育教材建设是高等职业院校三大基本建设之一,高质量的教材是培养高质量优秀人才的基本保证。为了编写和出版具有高等职业教育特色的教材,满足教学需要,服务高等职业教育事业,我社依据《国家中长期教育改革和发展规划纲要(2010~2020年)》基本指导思想,以及教育部全国职业教育与成人教育工作会议精神,本着"将教材内容与职业相衔接,注重工学结合"的原则,投入大量资源,经过精心策划和多方努力,隆重推出"新世纪高职高专精品教材"系列。

本系列教材立足于财经类及相关专业,包括财经类专业核心课、会计类主干课、旅游类、工商管理类、财政金融类、经济贸易类、市场营销类、电子商务专业、秘书专业、人力资源管理专业、物流专业等子系列。为了使本系列教材既科学、先进,又合理、可行,我们在编写过程中充分吸收了教学改革的最新成果,突出体现了以下几个特点:

1. 在教材品种设计、内容取舍和讲述方式方面,均注重培养学生的实践能力,突出工学结合特点,同时注重培养学生的职业认知、职业道德。

2. "教学"、"训练"与"考核"环环相扣,"案例"与"实训"的"训练"比例适度加大,超越单纯针对"职业知识"的传统考核。

3. 为保证教材与职业内容相衔接,作者均从专家队伍中严格遴选,既具有较高的学术水平,又具有丰富的教学和教材编写经验,以及深入实践的工作经历。

4. 打造网络教学资源包,包括章后习题答案、每章自测题、模拟试卷及答案、教学课件、多媒体光盘等。

高等职业教育正在快速发展,教学实践日新月异,要使教材建设满足和促进职业教育的发展,需要教育主管部门、教学单位、任课教师和专业教材出版机构的共同努力。我们真诚希望,这套系列教材能满足最新教学改革的需要,为高等职业教育人才培养工作提供教学资源支持,为高等职业教育作出应有的贡献。

大连出版社

再 版 前 言

《金融学基础习题与实训》是为了配合由李春、曾冬白主编的教材《金融学基础》而编写的。《金融学基础》包括十章内容，涉及货币、信用、银行及由此延伸出的许多金融学基本理论与基本知识。仅凭课堂教学让学生全面理解、掌握教材要点内容有一定难度，为了方便教学，尤其是加强学生对《金融学基础》要点内容的记忆，便于学生理解、掌握及灵活运用，我们特将《金融学基础》中的内容及知识点通过各类习题及案例的形式体现出来。在编写本书时，我们尽可能结合高等职业学院学生的实际能力和职业要求。本书体现出如下特点：一是难易适度，二是题型多样，三是增加案例内容，四是紧密结合当前实际。

本书是由参与《金融学基础》一书编写的全体成员共同完成的，他们搜集了大量的资料，进行了系统的整理和编写。每章包括填空题、单项选择题、多项选择题、判断题、名词解释、简答题、计算题及案例分析题等题型，使学生牢固掌握金融学的基础知识，注重培养学生应用所学知识分析问题、解决问题的能力。本书第1、2、3章由曾冬白编写，第4、5章由梁桂云编写，第6、7章由李春编写，第8章由徐雨光编写，第9、10章由吕鹰飞编写，最后由李春审稿、统稿。

此次再版过程中注意与教材内容的紧密结合，保证各类题型难易结合，题量与所属章节的知识点结合，更便于自我检验与自我训练。

尽管我们对本书进行了反复推敲、认真核对，但难免出现不足之处，敬请读者批评指正，多予谅解。

编　者

目 录

第1章 货币与货币制度 ... 1
- 填空题 ... 1
- 单项选择题 ... 2
- 多项选择题 ... 4
- 判断题 ... 5
- 名词解释 ... 6
- 简答题 ... 6
- 案例分析题 ... 6
  - 案例1：战俘营里的货币 ... 6
  - 案例2：认识人民币 ... 7

第2章 信用与利息 ... 8
- 填空题 ... 8
- 单项选择题 ... 9
- 多项选择题 ... 11
- 判断题 ... 13
- 名词解释 ... 14
- 简答题 ... 14
- 计算题 ... 14
- 案例分析题 ... 15
  - 案例1：企业间融资 ... 15
  - 案例2：固定利率房地产按揭贷款 ... 15

第3章 金融体系 ... 17
- 填空题 ... 17
- 单项选择题 ... 18
- 多项选择题 ... 19
- 判断题 ... 21
- 名词解释 ... 21
- 简答题 ... 22

案例分析题 ……………………………………………………………… 22
  案例1：上海证券交易所 ………………………………………………… 22
  案例2：保险中介数量持续下降 ………………………………………… 23

第4章 商业银行 …………………………………………………………… 24

填空题 ……………………………………………………………………… 24
单项选择题 ………………………………………………………………… 24
多项选择题 ………………………………………………………………… 25
判断题 ……………………………………………………………………… 27
名词解释 …………………………………………………………………… 27
简答题 ……………………………………………………………………… 27
案例分析题 ………………………………………………………………… 28
  案例1：海南发展银行的关闭 …………………………………………… 28
  案例2：中国工商银行的海外扩张 ……………………………………… 29

第5章 非银行金融机构 …………………………………………………… 30

填空题 ……………………………………………………………………… 30
单项选择题 ………………………………………………………………… 30
多项选择题 ………………………………………………………………… 31
判断题 ……………………………………………………………………… 32
名词解释 …………………………………………………………………… 32
简答题 ……………………………………………………………………… 33
案例分析题 ………………………………………………………………… 33
  案例：空难事故保险赔付 ……………………………………………… 33

第6章 中央银行与货币政策 ……………………………………………… 34

填空题 ……………………………………………………………………… 34
单项选择题 ………………………………………………………………… 35
多项选择题 ………………………………………………………………… 36
判断题 ……………………………………………………………………… 36
名词解释 …………………………………………………………………… 37
简答题 ……………………………………………………………………… 37
案例分析题 ………………………………………………………………… 37
  案例：央行决定上调金融机构人民币存贷款基准利率 ……………… 37

第7章 货币供求均衡与通货问题 ………………………………………… 38

填空题 ……………………………………………………………………… 38

单项选择题 38
多项选择题 40
判断题 40
名词解释 41
简答题 41
计算题 41
案例分析题 41
  案例:2010年我国物价基本情况 41

第8章 金融市场 43
填空题 43
单项选择题 43
多项选择题 45
判断题 46
名词解释 47
简答题 47
案例分析题 47
  案例1:纽约——世界最重要的国际金融中心之一 47
  案例2:美国、韩国、中国香港发展衍生品市场的经验 48

第9章 国际金融核心理论 51
填空题 51
单项选择题 52
多项选择题 55
判断题 59
名词解释 60
简答题 61
案例分析题 61
  案例1:人民币单日升值100个基点 再度启动加速升值步伐 61
  案例2:人民币变速跑:未来汇率走势有变数 存下调可能 62
  案例3:2010年上半年中国国际收支报告 63
  案例4:出口卖方信贷 65
  案例5:出口福费廷 66

第10章 金融监管 67
填空题 67
单项选择题 68
多项选择题 69
判断题 71

名词解释 ……………………………………………………………………… 72
简答题 ………………………………………………………………………… 72
案例分析题 …………………………………………………………………… 72
　案例：中国银监会 ………………………………………………………… 72
综合模拟试题（一） …………………………………………………………… 74
综合模拟试题（二） …………………………………………………………… 78
综合模拟试题（三） …………………………………………………………… 82

第1章 货币与货币制度

填空题

1. 在交换过程中,一种商品的价值偶然地表现在另一种商品上,并且交换的概率极低,表现为偶然的交换,这种形式是_____价值形式。
2. 一种商品的价值已经不是偶然地表现在某一种商品上,而是表现在一系列的商品上,叫_____价值形式。
3. 一切商品的价值都只能统一地表现在某一种商品上,叫_____价值形式。
4. 从充当一般等价物的众多商品中逐渐分离出一种固定充当一般等价物的特殊商品,叫_____。
5. 名义价值同它作为特殊商品的内在价值一致的货币,称为_____。
6. _____是由足值货币向现代信用货币发展的一种过渡性的货币形态。
7. _____是以信用作为保证,通过一定信用程序发行的,充当流通手段和支付手段的货币形态,是货币形式的现代形态。
8. _____是信用货币与电脑、现代通信技术相结合的一种最新货币形态,它通过电子计算机运用电子信号对信用货币实施贮存、转账、购买和支付。
9. 货币具有的五种职能是_____、_____、_____、_____和世界货币。
10. 货币作为商品的价值尺度可以是_____的货币。
11. 货币作为流通手段在商品交换时充当交换的媒介,必须一手交钱,一手交货,必须是_____货币。
12. 具有_____和_____职能统一的特殊商品就是货币。
13. 货币单位包括两重含义,一是_____,二是所含货币金属的重量。
14. _____是一个国家法定的作为价格标准的主要货币。
15. _____是本位币基本单位以下的小面额货币,主要用于零星支付与找零。
16. _____是我国的法定货币。它是于1948年12月1日由同时成立的中国人民银行发行并投入流通的。
17. 马克思从历史和逻辑的角度将货币的职能分为五种。在表现和衡量商品价值时,货币执行_____职能;在退出流通时,货币执行_____职能;在世界市场上发挥一般等价物作用时,货币执行_____职能。

18. _____是金本位制中比较完美的一种形式,政府赋予它四大自由:自由铸造、自由熔化、自由储藏、自由输出输入国境。

19. 作为新中国货币制度的开端,中国人民银行于_____年发行人民币。

20. 规定金币和银币都按照实际比价流通的金银复本位制被称为_____。

21. 当货币不是作为交换媒介,而是作为_____时就是支付手段职能。

22. 货币产生以后,以物物直接交换为特征的商品交换就转变为_____的商品流通。

单项选择题

1. 价值形式发展的最终结果是(　　)。
   A. 货币形式　　　　B. 纸币　　　　C. 扩大的价值形式　　D. 一般价值形式
2. 货币执行支付手段职能的特点是(　　)。
   A. 货币是商品交换的媒介
   B. 货币运动伴随商品运动
   C. 货币是一般等价物
   D. 货币作为价值的独立形式进行单方面转移
3. 货币在(　　)时执行流通手段的职能。
   A. 商品买卖　　　B. 缴纳税款　　　C. 支付工资　　　D. 表现商品价值
4. 金属货币制度不具有的性质是(　　)。
   A. 流通中主币为金属铸币　　　　B. 辅币限制铸造
   C. 主币无限法偿　　　　　　　　D. 辅币无限法偿
5. 信用货币制度不具有的性质是(　　)。
   A. 主币集中发行　　　　　　　　B. 辅币集中发行
   C. 信用货币在流通中使用　　　　D. 流通中主币为金属铸币
6. 货币流通具有自动调节机制的货币制度是(　　)。
   A. 信用货币制度　　B. 金币本位制　　C. 金块本位制　　D. 金汇兑本位制
7. 金属货币通过自由铸造进入流通在(　　)条件下不复存在。
   A. 银本位制　　　　B. 金银复本位制　　C. 信用货币制度　　D. 金币本位制
8. 欧元正式成为欧元区国家唯一法定货币的时间是(　　)。
   A. 1998年1月1日　　　　　　　B. 1999年1月1日
   C. 2002年1月1日　　　　　　　D. 2002年7月1日
9. 金银铸币按照法定比价流通是(　　)。
   A. 金汇兑本位制　　B. 金块本位制　　C. 双本位制　　D. 平行本位制

10. 某公司以延期付款方式销售给某商场一批商品,则该商场到期偿还欠款时,货币执行(　　)职能。
   A. 支付手段　　　B. 流通手段　　　C. 购买手段　　　D. 贮藏手段
11. 金银复本位制包括三种货币制度。其中,金银两种货币均各按其所含金属的实际价值任意流通的货币制度是(　　)。
   A. 平行本位制　　B. 双本位制　　　C. 跛行本位制　　D. 复本位制
12. "劣币驱逐良币"现象出现的货币制度是(　　)。
   A. 平行本位制　　B. 双本位制　　　C. 跛行本位制　　D. 银本位制
13. "格雷欣法则"指的是(　　)。
   A. "劣币驱逐良币法则"　　　　　　B. "劣币良币并存法则"
   C. "良币驱逐劣币法则"　　　　　　D. "纸币和铸币同时流通法则"
14. 下列货币制度中最稳定的是(　　)。
   A. 银本位制　　　B. 金银复本位制　C. 纸币本位制　　D. 金汇兑本位制
15. 对商品价格的理解正确的是(　　)。
   A. 同商品价值成反比　　　　　　　B. 同货币价值成正比
   C. 商品价值的货币表现　　　　　　D. 商品价值与货币价值的比
16. 货币的本质特征是充当(　　)。
   A. 特殊等价物　　B. 一般等价物　　C. 普通商品　　　D. 特殊商品
17. 本位货币是(　　)。
   A. 被规定为标准的、基本流通的货币　B. 以黄金为基础的货币
   C. 本国货币当局发行的货币　　　　　D. 可以与黄金兑换的货币
18. 贝币和谷帛是我国历史上的(　　)。
   A. 信用货币　　　B. 纸币　　　　　C. 实物货币　　　D. 金属货币
19. 劣币是指实际价值(　　)的货币。
   A. 等于零　　　　　　　　　　　　B. 等于名义价值
   C. 高于名义价值　　　　　　　　　D. 低于名义价值
20. 货币的本质属性是(　　)的统一。
   A. 价值和价格　　　　　　　　　　B. 价值和交换价值
   C. 价值和使用价值　　　　　　　　D. 价值尺度和流通手段
21. 货币作为价值尺度所要解决的是(　　)。
   A. 实现商品的交换　　　　　　　　B. 表现特定商品的价值
   C. 在商品之间进行价值比较的难题　D. 使人们不必对商品进行比较
22. 最早实行的货币制度是(　　)。
   A. 金本位制　　　B. 银本位制　　　C. 金银复本位制　D. 纸币本位制
23. 跛行本位制是指(　　)。
   A. 银币的铸造受到控制的本位制　　B. 金币的铸造受到控制的本位制

C. 以金币为本位货币的金银复本位制　　D. 以银币为本位货币的金银复本位制
24. 双本位制是(　　)。
　　A. 金银币的比价由政府和市场共同决定的金银复本位制
　　B. 金银币的比价由市场决定的金银复本位制
　　C. 金银币的比价由政府规定的金银复本位制
　　D. 金银币的比价由银行规定的金银复本位制
25. 信用货币制度是以(　　)为本位货币的货币制度。
　　A. 银行券　　　　　　　　　　　　B. 可以自由兑换的黄金
　　C. 信用货币　　　　　　　　　　　D. 纸币
26. 典型的金本位制是(　　)。
　　A. 金块本位制　　　　　　　　　　B. 金汇兑本位制
　　C. 虚金本位制　　　　　　　　　　D. 金币本位制
27. 如果金银的法定比价为1:10,而市场比价为1:8,这里充斥市场的是(　　)。
　　A. 银币　　　　B. 金币　　　　C. 金币和银币　　　D. 都不是
28. 一个国家货币制度的基础是(　　)。
　　A. 货币材料　　　　　　　　　　　B. 货币单位
　　C. 货币的铸造、发行　　　　　　　D. 金准备制度

▶多项选择题

1. 货币具有的职能中,(　　)是最基本的职能,其他职能均是在此基础上产生的。
　　A. 价值尺度　　　　B. 流通手段　　　　C. 支付手段
　　D. 贮藏手段　　　　E. 世界货币
2. 贵金属不能自由输出输入存在于(　　)条件下。
　　A. 银本位制　　　　B. 金银复本位制　　C. 金币本位制
　　D. 金汇兑本位制　　E. 金块本位制
3. 金铸币作为流通中主币的情况存在于(　　)条件下。
　　A. 银本位制　　　　B. 金银复本位制　　C. 金币本位制
　　D. 金汇兑本位制　　E. 金块本位制
4. 金属货币制度下辅币具有的性质有(　　)。
　　A. 足值货币　　　　B. 不足值货币　　　C. 无限法偿
　　D. 有限法偿　　　　E. 限制铸造
5. 货币制度的基本内容有(　　)。
　　A. 货币金属　　　　B. 货币单位　　　　C. 货币的铸造、发行、流通程序
　　D. 金准备制度　　　E. 货币分散铸造
6. 目前的电子货币主要有(　　)。

A. 流通中的纸币　　　　B. 银行卡　　　　　　C. 活期存款
D. 定期存款　　　　　　E. 网上电子货币

7. 金本位制的形式有(　　)。
   A. 金币本位制　　　　B. 金块本位制　　　　C. 金汇兑本位制
   D. 平行本位制　　　　E. 跛行本位制

8. 按发展形态划分,货币形式主要有(　　)。
   A. 实物货币　　　　　B. 贵金属货币　　　　C. 信用货币
   D. 铸币　　　　　　　E. 代用货币

9. 以下可以自由铸造银币的货币制度有(　　)。
   A. 银币本位制　　　　B. 跛行本位制　　　　C. 金汇兑本位制
   D. 平行本位制　　　　E. 双本位制

10. 货币发挥支付手段的职能表现为(　　)。
    A. 税款缴纳　　　　　B. 贷款发放　　　　　C. 工资发放
    D. 商品赊销　　　　　E. 赔款支付

11. 货币支付手段的作用有(　　)。
    A. 使商品交易双方的价值的相向运动有一个时间间隔
    B. 可大大减少现金需要量
    C. 可能引起支付危机和信用危机
    D. 克服了现款交易对商品生产和流通的限制
    E. 使商品买卖变成了两个独立的行为

12. 世界货币是指在世界范围内发挥(　　)职能的货币。
    A. 价值尺度　　　　　B. 外汇买卖　　　　　C. 支付手段
    D. 储藏手段　　　　　E. 流通手段

13. 对信用货币理解正确的有(　　)。
    A. 信用发行是以商品物资保证为基本依据
    B. 信用货币发行的另一保证是国家的信誉和银行的信誉
    C. 信用货币在一定程度上受黄金束缚
    D. 纸币是信用货币的具体形态
    E. 目前世界上几乎所有的国家都采用信用货币形态

▼ 判 断 题

1. 信用货币自身没有价值,所以不是财富的组成部分。(　　)
2. 货币作为流通手段必须是足值的货币。(　　)
3. 金币本位制条件下,流通中的货币都是金铸币。(　　)
4. "格雷欣法则"是在金银复本位制中的平行本位制条件下出现的现象。(　　)

5. 外汇在各种货币制度下都可以作为货币发行的准备。（　　）
6. 金币本位制、金汇兑本位制和金块本位制条件下,金铸币都是流通中的货币。（　　）
7. 只要是国家铸造的货币,都具有无限法偿的能力。（　　）
8. 金币本位制、金汇兑本位制和金块本位制下金币可以自由铸造,辅币限制铸造。（　　）
9. 现金是货币,银行存款也是货币。（　　）
10. 从货币发展的历史看,最早的货币形式是铸币。（　　）
11. 根据"劣币驱逐良币"的规律,银币必然要取代金币。（　　）
12. 价值尺度和流通手段的统一是货币。（　　）
13. 货币作为交换手段不一定是现实的货币。（　　）
14. 与金属货币相比较,现代信用货币不是良好的储藏价值的手段。（　　）
15. 在信用货币制度下,各国的货币发行准备大都为黄金准备和信用准备。（　　）

名词解释

货币　　信用货币　　货币制度　　双本位制　　格雷欣法则　　世界货币　　电子货币

简答题

1. 如何认识货币的本质？
2. 信用货币的特征是什么？
3. 货币的职能有哪些？
4. 简述货币制度的构成要素。
5. 简要回答本位币的特点。
6. 什么是"劣币驱逐良币"？
7. 说明金币本位制的特点。
8. 说明信用货币制度的特点。

案例分析题

案例1：战俘营里的货币

二战期间,在纳粹的战俘营中流通着一种特殊的商品货币——香烟。当时的红十字会设法向战俘营提供了各种人道主义物品,如食物、衣服、香烟等。由于数量有限,这些物品只能根据某种平均主义的原则在战俘之间进行分配,而无法顾及每个战俘的特定偏好。但是人与人之间的偏好显然是不同的,有人喜欢巧克力,有人喜欢奶酪,还有人则可能更想得到一包香烟。因此这种分配显然是缺乏效率的,战俘们有进行物品交换的需要。但是,即便在战俘营这样一个狭小的范围内,物物交换也显得非常不方便,因为它要求交易双方恰巧都想要对方的东西,也就是所谓的需求的双重巧合。为了使交换能够更加顺利地进行,需要有一种充当交易媒介的商品,即货币。那么,在战俘营中,究竟哪一种物品适合做交易媒介呢?许多战俘营都不约而同地选择香烟来扮演这一角色。战俘们用香烟来进行计价和交易,如一根香肠值10根香烟,一件衬衣值80根香烟,替别人洗一件衣服则可以换得两根香烟。有了这样一种记账单位和交易媒介之后,战俘之间的交换就方便多了。

资料来源:http://dec3.jlu.edu.cn/webcourse/t000124/64/course/ch2/anli.htm.

问题:为何香烟能够成为战俘营中的货币?

案例2:认识人民币

中国人民银行自1948年12月1日起陆续发行了五套纸币、四套硬币以及多套流通纪念币、纪念钞和贵金属纪念币,形成了面额结构日趋合理、各类品种配套齐全、防伪功能日趋完善、工艺技术更加先进、主题思想鲜明统一的较为成熟的货币体系。

中国人民银行自1999年10月1日起陆续发行第五套人民币。第五套人民币按照印制工艺可分为1999年版和2005年版。第五套人民币1999年版按发行时间先后发行了100元纸币;20元纸币、1元和1角硬币;50元、10元纸币;5元纸币、5角硬币和1元纸币。

为了提高第五套人民币的印制工艺和防伪技术,经国务院批准,中国人民银行对1999年版第五套人民币的生产工艺、技术进行了改进和提高。

2005年8月31日发行了改版后的第五套人民币2005年版100元、50元、20元、10元、5元纸币和1角硬币。

资料来源:http://blog.sina.com.cn/s/blog_48f152d50100lx6e.html 2010-9-13.

问题:2005年改版后的第五套人民币的防伪特点有哪些?

第2章 信用与利息

▶ 填空题

1. 信用是一种借贷行为,是以_____和_____为条件的、单方面的价值转移,是一种价值运动的特殊形式。
2. 高利贷信用的特点表现在_____、_____。
3. _____的建立标志着高利贷垄断地位的结束和资本主义现代信用关系的建立。
4. 借贷资本来源于产业资本循环过程中形成的一部分暂时_____的货币资金。
5. 商业信用的典型形式是由商品销售企业对商品购买企业以_____方式提供的信用。
6. 银行信用是在商业信用基础上发展起来的一种_____信用,银行信用在规模、范围、期限上大大超过商业信用,是现代经济中最基本的占_____地位的信用形式。
7. 国家信用的主要形式是_____和国库券。
8. 国家信用的债务人是_____,债权人是国内外的银行、_____和_____。
9. 债券按发行主体的不同,可分为_____、_____和金融债券。
10. 消费信用的对象为_____,目的是促进消费品的推销与消费。
11. 消费信用的方式主要有赊销、_____和消费贷款。
12. 国际信用的具体形式包括政府信贷、_____、国际银行信用、_____和国际债券等。
13. 商业票据按其签发人的不同,可以分成_____和_____两种。
14. _____是_____向_____签发的承诺在约定的期限内无条件支付一定款项的债务凭证。
15. 汇票必须经债务人_____后才能进入流通。由债务人自己承诺到期付款的汇票,叫_____承兑汇票;由债务人委托银行承兑的汇票,叫_____承兑汇票。
16. 可转让大额定期存单是由美国花旗银行于_____年创造的一项金融工具。
17. 长期信用工具指期限在一年以上的信用凭证,包括_____和_____。
18. 股票一般具有以下特点:一是_____,二是股东权,三是_____,四是流动性。

19. 衍生信用工具主要有以下几种类型：_____、_____、可转换证券、互换、远期协议等。
20. 利息率简称利率，是指借贷期内所形成的利息额与_____的比率。
21. 计算利息的方法有两种：_____和_____。
22. 根据利率在借贷期内是否随物价变动而调整，可分为_____和_____。
23. 名义利率与实际利率的关系表明，名义利率与通货膨胀率成_____比。
24. 短期信用工具指期限在_____以内的信用凭证。
25. 判断利率水平高低，不能只看名义利率，而必须以_____为依据。
26. 任何一笔货币金额，都可以根据利率计算出在未来某一时点上将会是怎样的金额，这个金额就是本利和，也通称为_____。
27. 资本主义信用表现为_____的运动形式。

▶ 单项选择题

1. 信用是( )。
   A. 买卖行为　　　B. 赠与行为　　　C. 救济行为　　　D. 各种借贷关系的总和
2. 信用的最基本的特征是( )。
   A. 平等的价值交换　　　　　　　B. 无条件的价值单方面让渡
   C. 以偿还为条件的价值单方面转移　　D. 无偿的赠与或援助
3. 国家信用的主要形式是( )。
   A. 发行政府债券　　　　　　　B. 向商业银行短期借款
   C. 向商业银行长期借款　　　　D. 自愿捐助
4. 在现代经济中，银行信用仍然是最重要的融资形式。以下对银行信用的描述，不正确的是( )。
   A. 银行信用在商业信用的基础上产生
   B. 银行信用不可以由商业信用转化而来
   C. 银行信用是以货币形式提供的信用
   D. 银行在银行信用活动中充当信用中介的角色
5. 消费信用是企业或银行向( )提供的信用。
   A. 本国政府　　　B. 社会团体　　　C. 消费者　　　D. 工商企业
6. 以下属于信用活动的是( )。
   A. 财政拨款　　　B. 商品买卖　　　C. 救济　　　D. 赊销
7. 商业信用最重要的特征是( )。
   A. 它是处于生产、流通过程中的信用

B. 商业信用的双方都是工商企业

C. 商业信用的动态与产业资本的动态不相一致

D. 它与特定的资金交易紧密结合在一起

8. 整个信用形式的基础是(　　)。

　　A. 商业信用　　B. 银行信用　　C. 国家信用　　D. 消费信用

9. 借贷资本家贷出货币资本时让渡的权利是指(　　)。

　　A. 资本的所有权　　　　　　B. 资本的使用权

　　C. 资本的所有权和使用权　　D. 既无所有权也无使用权

10. 为了取得利息而贷放给职能资本家使用的资本是(　　)。

　　A. 产业资本　　B. 借贷资本　　C. 货币资本　　D. 商业资本

11. 现代经济中最基本的占主导地位的信用形式是(　　)。

　　A. 国家信用　　B. 商业信用　　C. 银行信用　　D. 国际信用

12. 利息是(　　)的价格。

　　A. 货币资本　　B. 借贷资本　　C. 外来资本　　D. 银行贷款

13. 我国习惯上将年息、月息、日息都以"厘"作单位,但实际含义却不同,若年息6厘,月息4厘,日息2厘,则分别是指(　　)。

　　A. 年利率为6%,月利率为4%,日利率为2%

　　B. 年利率为6‰,月利率为4‰,日利率为2‰

　　C. 年利率为6‱,月利率为4‱,日利率为2‱

　　D. 年利率为6%,月利率为4‰,日利率为2‱

14. 在多种利率并存的条件下起决定作用的利率是(　　)。

　　A. 基准利率　　B. 差别利率　　C. 实际利率　　D. 公定利率

15. 西方国家一般以(　　)为基准利率。

　　A. 长期利率　　　　　　　　B. 浮动利率

　　C. 中央银行的再贴现利率　　D. 中央银行的再贷款利率

16. 利率的合理区间是(　　)。

　　A. 等于平均利润率　　　　　B. 大于零

　　C. 大于零而小于平均利润率　D. 无法确定

17. 市场利率的高低取决于(　　)。

　　A. 统一利率　　　　　　B. 浮动利率

　　C. 借贷资金的供求关系　D. 国家政府

18. 实际利率即名义利率剔除了(　　)。

　　A. 平均利润率　　B. 价格变动　　C. 物价变动　　D. 通货膨胀率

19. 以金融机构为媒介的信用是(　　)。

A. 银行信用　　　B. 消费信用　　　C. 商业信用　　　D. 国家信用
20. 工商企业之间以赊销方式提供的信用是(　　)。
　　A. 商业信用　　　B. 银行信用　　　C. 消费信用　　　D. 国家信用
21. 个人获得住房贷款属于(　　)。
　　A. 商业信用　　　B. 消费信用　　　C. 国家信用　　　D. 补偿贸易

▶ 多项选择题

1. 银行信用与商业信用的关系表现为(　　)。
   A. 商业信用是银行信用产生的基础
   B. 银行信用推动商业信用的完善
   C. 银行信用处于主导地位
   D. 银行信用可以取代商业信用
   E. 在一定条件下,商业信用可以转化为银行信用

2. 以下属于消费信用的有(　　)。
   A. 出口信贷
   B. 国际金融租赁
   C. 企业以延期付款的方式向消费者销售商品
   D. 银行提供的助学贷款
   E. 银行向消费者提供的住房贷款

3. 我国消费信用的主要形式有(　　)。
   A. 分期付款　　　B. 消费贷款　　　C. 个人信用
   D. 民间信用　　　E. 商业信用

4. 信用可分为(　　)。
   A. 商业信用　　　B. 银行信用　　　C. 国家信用
   D. 国际信用　　　E. 民间信用

5. 信用是有条件的借贷行为,其条件是(　　)。
   A. 到期偿还　　　B. 支付利息　　　C. 出具担保
   D. 信用委托　　　E. 本金与利息一次性支付

6. 信用的基本要素包括(　　)。
   A. 债权债务关系　B. 时间间隔　　　C. 商品交易
   D. 信用工具　　　E. 口头约定

7. 商业信用是现代信用的基本形式,它是指(　　)。
   A. 工商企业之间存在的信用
   B. 以商品的形式提供的信用

C. 买卖行为和借贷行为一定同时发生的信用

D. 商品买卖双方可以相互提供的信用

E. 规模大小取决于产业资本规模的信用

8. 利率的决定与影响因素有（　　）。
   A. 利润的平均水平　　　　B. 资金的供求状况　　　　C. 物价变动的幅度
   D. 国际利率水平　　　　　E. 政策性因素

9. 根据名义利率与实际利率的比较，实际利率呈现的情况有（　　）。
   A. 名义利率高于通货膨胀率时，实际利率为正利率
   B. 名义利率高于通货膨胀率时，实际利率为负利率
   C. 名义利率等于通货膨胀率时，实际利率为零
   D. 名义利率低于通货膨胀率时，实际利率为正利率
   E. 名义利率低于通货膨胀率时，实际利率为负利率

10. 利率对宏观经济的影响主要表现为（　　）。
    A. 利率能够调节社会资本供给
    B. 利率能够调节投资
    C. 利率能够促进企业加强经济核算
    D. 利率能够调节社会总供求
    E. 利率能够诱发和引导人们的储蓄行为

11. 下列关于利息的说法，正确的有（　　）。
    A. 利息不仅存在于资本主义经济关系中，也存在于社会主义经济关系中
    B. 利息属于信用范畴
    C. 利息是剩余价值的转化形式
    D. 利息是利润的一部分
    E. 利息是在信用的基础上产生的

12. 关于利率，以下描述正确的有（　　）。
    A. 一般情况下，通货膨胀越严重，名义利率越高
    B. 当经济处于萧条阶段时，利率会降低
    C. 当经济处于复苏阶段时，利率会慢慢提高
    D. 当经济处于繁荣阶段时，利率会急剧提高
    E. 利率的变动会影响到社会的总供求

13. 现代信用形式中最基本的形式有（　　）。
    A. 商业信用　　　　　　　B. 国家信用　　　　　　　C. 消费信用
    D. 银行信用　　　　　　　E. 民间信用

14. 下列属于消费信用范畴的有（　　）。
    A. 企业将商品赊卖给个人　　　　　　　B. 个人获得住房贷款
    C. 个人持信用卡到指定商店购物　　　　D. 个人借款从事经营活动
    E. 企业将商品赊卖给另一家企业

15. 国际信用的主要形式有( )。
    A. 公债 B. 政府信贷 C. 国际债券
    D. 出口信贷 E. 外国商业银行信贷
16. 利率对宏观经济的影响体现为( )。
    A. 能够调节社会资本供给
    B. 能够促进企业加强经济核算,提高经济效益
    C. 能够诱发和引导人们的储蓄行为
    D. 可以调节投资规模和结构
    E. 可以调节社会总供求

判 断 题

1. 信用工具的流动性越强,其收益越高。( )
2. 企业之间在买卖商品时,以货币形态提供的信用是商业信用。( )
3. 由于银行信用克服了商业信用的局限性,它最终将取代商业信用。( )
4. 消费信用既可以采取商品形态,又可以采取货币形态。( )
5. 商业信用是现代信用活动中最主要的信用形式。( )
6. 银行信用是以货币形态提供的信用,与商品买卖活动规模密切相关。( )
7. 某企业将自己的产品赊销给消费者,则该企业与消费者之间产生了商业信用关系。( )
8. 银行信用是当代各国最基本的信用形式。( )
9. 商业本票是债权人向债务人签发的承诺在约定的期限内无条件支付一定款项的债务凭证,也称为期票。( )
10. 商业汇票是由债权人向债务人发出的支付命令书,命令债务人在一定的期限内支付一定款项给第三人或持票人的票据。( )
11. 银行汇票是汇款人将款项交存当地银行,由银行签发给汇款人持往异地办理转账结算或支取现金的票据。( )
12. 银行支票是指银行的存款人签发的要求银行从其活期存款账户上支取一定金额给指定人或持票人的凭证。( )
13. 以复利计息,考虑了资金的时间价值因素,对贷出者有利。( )
14. 单利法比复利法要简单,有利于减轻借款人的利息负担。( )
15. 低利率有利于促进投资。( )
16. 浮动利率避免了借贷期间由于市场利率的波动而造成的不利影响,有利于降低借贷双方的风险。( )
17. 通常金融机构公布或采用的利率都是名义利率。( )
18. 官定利率和公定利率都不同程度地反映了非市场的强制力量对利率形成的干预。( )

19. 实际利率水平小于零意味着资金的供给者贷出资金而产生实际价值的损失。(   )
20. 利率水平上升,会抑制社会资金需求的增加。(   )
21. 借贷资本的利率被限定在零和平均利润率之间。(   )
22. 官定利率和市场利率有密切关系,官定利率的变化代表了国家货币政策的倾向,对市场利率有重要影响。(   )
23. 基准利率是一个国家的核心利率,西方国家的基准利率通常是指中央银行的再贴现率。(   )
24. 民间信用是居民个人之间以货币或实物的形式所提供的直接信贷,是带有高利贷性质的信用。(   )
25. 国家信用是国家以债权人的身份筹措资金的一种信用形式。(   )

名词解释

高利贷信用   商业信用   银行信用   消费信用   国家信用工具   支票   股票   商业票据   银行票据   银行本票   债券   市场利率   浮动利率   实际利率   基准利率

简答题

1. 简述信用的构成要素。
2. 简述商业信用的作用。
3. 简述商业信用的局限性。
4. 简述银行信用的特点。
5. 简述国家信用的作用。
6. 简述近年来民间信用的特点。
7. 简述民间信用的积极作用与消极作用。
8. 简述决定和影响利率变化的因素。
9. 简述利率在宏观经济活动中的作用。

计算题

1. 甲企业向 A 银行申请贷款 10 000 万元,年利率为 8%,贷款期限为 3 年,到期一次还本付息,分别按单利和复利计算甲企业应支付 A 银行多少利息。
2. 现有一笔为期 5 年、年利率为 6% 的 5 万元贷款,请分别以单利法和复利法计算其利息总额及本利和。

案例分析题

案例1:企业间融资

新疆新闻在线网2006年11月15日消息:11月13日,天山区人民法院一审判令一份32万元企业借贷合同无效,出借方本想通过诉讼惩罚赖账的企业,不想法院却说其无权索要利息和违约金。

2005年,筑路公司因急于为企业职工缴纳养老金向名贵公司提出借款,双方签订一份"借款协议书",约定筑路公司因企业资金周转困难向名贵公司借款30万元,借款期限为6个月,到期后一次性还本付息,借款利息按照同期商业银行贷款利率计算。

2005年7月,双方就借款相关事宜签订"借款协议书",并约定了借款期限、利息及违约责任。直至2006年1月,名贵公司分别于2005年7月12日、7月28日,2006年1月9日分三次向筑路公司借款共计32万元,筑路公司向名贵公司出具了三份收款收据。双方还约定如发生任何影响名贵公司实现债权的事由,筑路公司除向名贵公司偿还借款本息外,还应向名贵公司支付违约金10万元。

借款到期后,名贵公司多次索要未果,提起诉讼。然而,筑路公司却拿出一份兼并重组意向协议书,证明名贵公司先期借资用于偿付筑路公司欠缴的社会统筹费用及其滞纳金,是双方兼并改制的情况下形成的。

天山区法院认为,企业借贷合同违反有关金融法规,属无效合同。

问题:上述案例融资属于什么信用形式? 商业信用有什么特点与局限性?

案例2:固定利率房地产按揭贷款

2006年1月13日,光大银行率先获得银监会的批示,在北京和上海开始试点推行固定利率房贷。面对浮动利率和固定利率,消费者该如何选择呢?

据介绍,光大银行房贷固定利率仅适用于10年以下(含)的个人一手房(指房地产开发商或售房单位直接出售的住房)贷款,不包括个人商业用房和二手房贷款业务;目前仅面向在中国大陆境内购买一手房且年满18周岁具有完全民事行为能力的自然人办理。

该业务分5年以下(含)、5年至10年以下(含)两档贷款期限,利率分别为5.94%和6.18%,最长不超过10年,且贷款到期日借款人不超过65周岁。

借款人在申请个人住房贷款时,可以根据自己的风险偏好自由选择固定利率或浮动利率;也可以将一笔借款分为两块,一部分选择浮动利率,另一部分选择固定利率;同时还可以根据自己的收入变化情况,在按月等额、按月等本、组合还款法、按月还息到期还本、等比累进还款等5种还款方式中进行选择,减轻还贷压力。不过,借款人必须在贷款前选定利率方式,包括固定利率或浮动利率,一旦选定固定利率方式,在贷款存续期内不得变更。

在央行调整贷款利率时,如果新利率高于固定利率,客户可享受原有利率带来的优惠;如果新利率低于固定利率,借款人可以部分或全部提前还款。在贷款存续期一年以内提前还款,按提前还款金额的3%收取违约金,贷款存续期一年以上提前还款不再收取违约金。而在目前市场情况下,根据合同约定,浮动利率的提前还款一般不收取违约金。

对银行认定的 VIP 客户,可以获得最高八折的按揭贷款,同时还可以享受转按揭服务,获得更高的融资便利。另外,还可以享受免公证,获得最实惠的保险方案等优惠,从而降低借款成本。

统计数据表明,在法国、荷兰,选择固定利率的消费者占贷款买房者的 80%;爱尔兰的这一数字达到 70%。一项针对固定放贷的消费者网上调查显示,将近 60% 的消费者愿意选择固定利率房贷,一半的人认为固定利率优于浮动利率,大多数消费者认为 6% 以下的贷款利率可以接受。对准备贷款买房的人来说,绝大多数人表示利率上调影响了自己的贷款买房计划。

短期房贷还是浮动利率划算。

固定利率的推出对于目前金融市场单一的银行浮动贷款利率方式来说,无疑是一种很好的补充方式。中原地产副总监宫萍提醒消费者,采取固定利率有一定的风险性,因为未来虽然有加息的预期,但具体增加多少、加息频率等都不能确定。如果在贷款期内银行加息超过固定利率水平,则贷款人可获利,反之,则不划算。

那么,面对浮动利率和固定利率,消费者该如何选择呢?中原地产三级市场部专业人士给消费者算了一笔账,建议短期房贷还是选择浮动利率,中长期房贷可以考虑固定利率。当然,这种计算的结果都是在对未来浮动利率上调的假设基础之上成立。对于消费者来说,在实际选择时,要对比自己贷款利率与固定利率之间的差值,并结合目前银行加息的幅度(2004 年央行首次加息幅度为 0.27%,2005 年 3 月央行二次加息幅度为 0.2%),作出理性、慎重选择。

举例 1:以 5 年期银行贷款 30 万元,采取等额本息还款法且只购一套房。

A.采取固定利率,目前光大银行的 5 年期利率为 5.94%,则 5 年需支付利息 47 488.52 元;

B.采取浮动利率,目前光大银行对于 5 年期优惠利率为 5.27%,假设一年后贷款优惠利率上调为 5.54%,剩余 4 年利率维持不变,则 5 年总共需支付利息为 43 365.37 元。

可见,若采取固定利率就比采取浮动利率多支出了 4 123.15 元。

举例 2:以 10 年期银行贷款 30 万元,采取等额本息还款法且只购一套房。

A.采取固定利率,目前光大银行的 10 年期利率为 6.18%,则 10 年需支付利息 102 935.5 元;

B.采取浮动利率,目前光大银行对于 10 年期优惠利率为 5.508%,假设第二年贷款优惠利率上调为 6.05%,第 3 年不变,从第 4 年银行利率再次上调为 6.59%,一直到第 10 年维持不变,则 10 年总共需支付利息为 103 789.66 元。

可见,若采取固定利率就比采取浮动利率少支出了 854.16 元。

问题:如果你是房贷者,你选择固定利率还是浮动利率?

第3章 金融体系

填空题

1. 世界上第一家股份制银行是1694年在英国成立的_____银行,该银行的成立标志着现代商业银行的诞生。
2. 当今世界各国的金融体系,一般由_____、商业银行、_____和非银行金融机构所组成。
3. 金融机构一般划分为_____和_____两大类。
4. _____是在一国金融体系中居于主导地位的金融中心机构。它是负责制定和执行国家货币信用政策、实行金融管理和监督、控制货币流通与信用活动的金融中心机构。
5. 专业银行主要有以下几种形式:_____、_____、_____、_____。
6. 抵押银行的贷款业务大体可分为两类:一类是以_____为抵押品的贷款;另一类是以_____等不动产为抵押品的贷款。
7. 政策性银行的设立及其运营是_____干预或调控国民经济的一种重要方式。
8. 从一般意义上讲,政策性银行主要包括_____和_____。
9. 进出口银行作为政府投资设立或受政府控制的金融机构,在经营原则、信贷投向、贷款利率等方面都带有明显的_____因素。
10. 现代信托业务源于_____,但历史上最早办理信托业务的经营机构却产生于美国。
11. 世界各国作为金融机构的租赁公司,其组织形式主要有两种类型:第一种是银行或与银行有关的金融机构所属的租赁公司;第二种是_____的租赁公司。
12. 信用合作社是由社员自愿集资结合而成的_____性质的金融机构。
13. 在"大一统"的银行体系中,_____是全国唯一的一家银行,它的分支机构按_____设于全国各地。
14. 1984年,从中国人民银行中分设出_____银行,专营全部工商信贷业务和城镇储蓄业务。
15. _____年,中国人民保险公司从中国人民银行中独立出来。
16. 1998年年底,中国人民银行改变了过去按行政区划设置分支机构的做法,重新按经济区划在全国设立上海、广州、济南、南京、武汉、沈阳、西安、天津、成都九个大区分行，实行总行、_____、_____和县市支行四级管理体制。

17. 1994 年,本着政策性金融和商业性金融相分离的原则,我国设立了三家政策性银行,即_____、_____和_____。

18. 1999 年 4 月 20 日,我国第一家经营商业银行不良资产的公司——中国_____资产管理公司在北京宣告成立。同年 8 月 3 日,华融、长城、东方等三家资产管理公司同时宣告成立。

19. 在我国境内设立的外资金融机构主要分为两类:一类是外资金融机构在华的代表处;另一类是外资金融机构在华设立的_____机构。

▎单项选择题

1. 下列不属于银行金融机构体系范围的是(   )。
   A. 中央银行   B. 商业银行   C. 证券公司   D. 政策性银行
2. 下列不属于非银行金融机构体系的是(   )。
   A. 保险公司   B. 财务公司   C. 信用合作社   D. 专业银行
3. 下列关于专业银行的描述,错误的是(   )。
   A. 以短期融资为主   B. 主要依靠发行债券来筹集营运资金
   C. 资金的使用有特定的行业、用途   D. 一般不经营活期存款业务
4. 曾是我国的专业外汇银行的是(   )。
   A. 中国建设银行   B. 中国银行   C. 中国工商银行   D. 国家开发银行
5. 曾是我国办理固定资产投资和贷款的专业银行的是(   )。
   A. 中国农业银行   B. 中国工商银行   C. 中国银行   D. 中国建设银行
6. 我国第一家以公有制为主的全国性股份制商业银行是(   )。
   A. 交通银行   B. 中国民生银行   C. 招商银行   D. 中信实业银行
7. 我国第一家主要由民间资本构成的民营银行是(   )。
   A. 交通银行   B. 中信实业银行   C. 中国民生银行   D. 招商银行
8. 下列不属于我国商业银行业务范围的是(   )。
   A. 发行金融债券   B. 监管其他金融机构
   C. 买卖政府债券   D. 买卖外汇
9. 下列关于保险的叙述中,错误的是(   )。
   A. 保险是指风险损失的转移和分散   B. 保险具有投机性
   C. 风险必须是偶然性的   D. 保险通常是多个经济单位的共同行为
10. 非银行金融机构具有(   )功能。
    A. 信用媒介   B. 信用创造   C. 货币发行   D. 信用调控
11. 信托公司在经营信托业务的过程中,表现出来的突出特征在于(   )。
    A. 投资性   B. 福利性   C. 合作性   D. 效益性

12. 下列关于政策性银行说法正确的有(　　)。
    A. 政策性金融机构一般由企业发起、出资创立、参股、保证或扶植
    B. 以利润最大化为其经营目标
    C. 专门为贯彻或配合政府特定社会经济政策或意图,在法律限定的业务领域内,直接或间接地从事某种特殊政策性融资活动
    D. 专门为贯彻或配合商业机构政策或意图
13. 在整个金融体系中占有支配性地位的金融机构是(　　)。
    A. 银行业金融监督管理机构　　　B. 银行
    C. 信托机构　　　　　　　　　　D. 保险机构
14. 历史上首先以"银行"为名的是(　　)。
    A. 英格兰银行　B. 北美银行　C. 威尼斯银行　D. 中国人民银行
15. 政策性银行的资金主要来源不包括(　　)。
    A. 财政拨款　B. 发行债券　C. 吸收活期存款　D. 吸收定期存款
16. 现代信托业务源于(　　)。
    A. 英国　　　B. 美国　　　C. 日本　　　D. 德国
17. 以经营消费信贷及工商企业信贷为主的非银行金融机构是(　　)。
    A. 财务公司　　　　　　　　　B. 金融资产管理公司
    C. 信托公司　　　　　　　　　D. 租赁公司

多项选择题

1. 投资银行的主要业务包括(　　)。
    A. 为工商企业代办发行与包销证券　B. 发放中长期贷款
    C. 经营外币买卖与存款　　　　　　D. 提供投资及财务咨询服务
2. 开发银行分为(　　)。
    A. 国际性开发银行　　　B. 区域性开发银行
    C. 本国的开发银行　　　D. 社区银行
3. 农业政策性银行的许多贷款是一般商业金融机构无法提供的,它的特点有(　　)。
    A. 长期贷款　B. 短期贷款　C. 低息贷款　D. 高息贷款
4. 我国国有控股商业银行是我国金融机构体系的主体,包括(　　)。
    A. 中国工商银行　B. 中国农业银行　C. 交通银行　D. 中国建设银行
5. 我国现行的金融机构体系的构成有(　　)。
    A. 中央银行　B. 商业银行　C. 政策性银行　D. 非银行金融机构
6. 我国的国有独资保险公司是中保集团在1998年分设形成的几家保险公司,即(　　)。
    A. 中国人民保险有限公司　　　B. 中国人寿保险有限公司
    C. 中国再保险有限公司　　　　D. 天安保险公司
7. 我国的保险公司按组织形式分为(　　)。

A. 国有独资公司　　B. 股份制有限公司　　C. 合资公司　　D. 合作公司
8. 下列属于银行金融机构的有(　　)。
   A. 中央银行　　　　B. 商业银行　　　　C. 专业银行　　　　D. 政策性银行
9. 下列属于非银行金融机构的有(　　)。
   A. 证券公司　　　　　　　　B. 保险公司　　　　　　　　C. 信托投资公司
   D. 财务公司　　　　　　　　E. 信用合作社
10. 以下关于政策性银行的特征的描述中,正确的有(　　)。
    A. 与政府关系紧密　　　　　B. 特殊的融资原则
    C. 以利润最大化为原则　　　D. 业务领域基本固定
11. 下列属于我国政策性银行的有(　　)。
    A. 国家开发银行　　　　　　B. 中国进出口银行
    C. 中国农业发展银行　　　　D. 城市商业银行
12. 专业银行的主要种类包括(　　)。
    A. 开发银行　　　B. 储蓄银行　　　C. 不动产抵押银行　　　D. 投资银行
13. 下列属于我国非银行金融机构的有(　　)。
    A. 信托投资公司　　B. 证券公司　　C. 财务公司　　D. 资产管理公司
14. 非银行金融机构与传统上的商业银行的区别在于(　　)。
    A. 商业银行传统的业务是吸收存款、发放贷款、提供支付结算,是货币市场的主要参与者
    B. 非银行金融机构一般而言不能吸收活期存款,是资本市场的主要参与者
    C. 商业银行有信用创造功能
    D. 非银行金融机构有信用创造功能
15. 我国综合类证券公司可经营的业务有(　　)。
    A. 证券经纪业务
    B. 证券自营业务
    C. 证券承销业务
    D. 经国务院证券监督管理委员会规定的其他证券业务
16. 以下关于信用合作社的描述,正确的有(　　)。
    A. 信用合作社是由个人集资联合组成的,以互助为宗旨的合作金融组织
    B. 信用合作社成员之间一般具有共同联系的基础,如同属于某一社会团体、同为某一公司雇员、居住在同一地区
    C. 入社与退社自愿
    D. 属于银行金融机构
17. 下列关于金融资产管理公司的描述,正确的有(　　)。
    A. 金融资产管理公司是专门处置银行不良资产的专业机构
    B. 1999年,我国先后成立了华融、长城、东方、信达四家金融资产管理公司

C. 华融资产管理公司专门收购中国银行不良资产
D. 长城资产管理公司专门收购中国农业银行不良资产

判断题

1. 金融机构最典型的形态是储蓄银行。（　　）
2. 金融体系是指相互作用和相互依赖的若干个金融机构或单位组合而成的、具有规定功能的整体。（　　）
3. 投资银行的资金主要是通过存款筹集的,发行本行股票和债券只起辅助作用。（　　）
4. 银行业起源于货币兑换业。（　　）
5. 政策性银行的经营以利润最大化为目的。（　　）
6. 农业政策性银行是指在政府指导和资助下设立的专门经营农业信贷业务的银行。（　　）
7. 非银行金融机构泛指中央银行、商业银行及其他专业银行以外的金融机构。（　　）
8. 非银行金融机构就其性质而言,都是商业性的。（　　）
9. 保险公司是经营保险业务的非银行金融机构。在许多国家,它都被列为最大的非银行金融机构。（　　）
10. 证券公司是指专门从事各种有价证券经营及相关业务的金融机构。（　　）
11. "大一统"的国家银行体系,是高度集中的计划经济体制向市场经济体制过渡时期的必然产物。（　　）
12. 1991年,上海证券交易所和深圳证券交易所建立。（　　）
13. 1985年9月,国务院决定中国人民银行正式行使中央银行的职能,脱离具体的银行业务,成为独立的国家金融管理机关。（　　）
14. 不动产抵押银行是以土地和其他不动产为抵押的一种专业性的长期放款银行。（　　）
15. 信用合作社的宗旨是促进社员储蓄,并以简便的手续和较低的利率向社员提供优惠贷款。（　　）
16. 非银行金融机构主要有保险公司、证券公司、信托投资公司、资产管理公司、租赁公司、财务公司和信用合作社等。（　　）
17. 保险是以社会互助的形式对因各种自然灾害和意外事故造成的损失进行补偿的一种方式。（　　）

名词解释

金融机构　　中央银行　　专业银行　　投资银行　　信用合作社　　政策性银

行　　信托公司　　资产管理公司　　财务公司　　租赁公司　　"大一统"银行体系

简答题

1. 简述投资银行与商业银行的区别。
2. 简述金融资产管理公司的业务范围。
3. 简述信用合作社的信用合作准则的主要内容。
4. 简述中国人民银行的职责。
5. 我国为什么要发展非银行金融机构？
6. 简述证券公司在金融市场上的功能。

案例分析题

案例1：上海证券交易所

上海证券交易所（简称上交所）成立于1990年11月26日，同年12月19日正式开业，是不以营利为目的的会员制事业法人，归属中国证监会直接管理。上海证券交易所由下属十六个部门和一家全资子公司组成，通过各部门的合理分工和协调运作，有效地担当起证券市场组织者的角色。

上海证券交易所坐落在上海浦东南路528号证券大厦，规模宏大，采用无形席位为主、有形席位为辅的交易模式，拥有亚太地区最大的交易大厅，设有1 608个交易席位，交易网络连接交易终端5 700个，覆盖全国、连通海外的卫星通信网每天为3 000个卫星接收站传达即时行情和相关信息。

（1）创立与发展

上海证券交易所成立于1990年11月26日，同年12月19日正式开业。上海证券交易所是不以营利为目的的会员制事业法人，归属中国证监会直接管理。按照"法制、监管、自律、规范"的八字方针，上海证券交易所主要职能包括：提供证券交易的场所和设施；制定证券交易所的业务规则；接受上市申请，安排证券上市；组织、监督证券交易；对会员、上市公司进行监管；管理和公布市场信息。截至2009年年底，上海证券交易所拥有870家上市公司，上市证券数1 351个，股票市价总值184 655.23亿元。一大批国民经济支柱企业、重点企业、基础行业企业和高新科技企业通过上市既筹集了发展资金，又转换了经营机制。

（2）证券上市

上海证券交易所致力于为国内企业提供高效、方便的融资渠道。经中国证监会批准，已公开发行股票的公司可申请在上海证券交易所上市。获准上市的公司须在挂牌交易日前两至三天在指定报刊上刊登"上市公告书"，并与上海证券交易所签订"上市协议书"。公司上市后应履行持续信息披露义务,在规定的时间内向上海证券交易所递交年度及中期报告,经审核后向投资者公告。为完善证券市场功能,促进投融资工具的多样化,上海证券交易所还接受国债、企业债券、投资基金等证券的上市申请。

(3) 交易运行

上海证券交易所采用无形席位为主、有形席位为辅的交易模式,拥有亚太地区最大的交易大厅,设有1 608个交易席位,交易网络连接交易终端5 700个,覆盖全国、连通海外的卫星通信网每天为3 000个卫星接收站传达即时行情和相关信息。

投资者可在证券商下属营业部进行买卖委托,营业部工作人员通过电话将委托指令报给驻上海证券交易所交易大厅内的交易员(俗称"红马甲"),由其将买卖指令输入交易所的电脑主机。投资者也可以在营业部自助委托电脑终端上直接输入委托指令,通过空中卫星传输网和地面光纤数据传输网将指令传输到上海证券交易所电脑主机,电脑主机在接收到买卖指令后,按照"价格优先、时间优先"的原则自动撮合成交。目前交易主机的撮合能力可达每秒5 000多笔,每天1 000万笔。

上海证券交易所市场交易在周一至周五进行,上午为九点半至十一点半,下午为一点至三点。

(4) 市场监控

上海证券交易所设立完善的市场监管和风险控制系统,通过对交易市场进行实时、动态监控,对异常现象和行为进行预警,及时从中发现问题,并对市场违法违规事件进行调查和处理,维持市场公平、透明和高效运行。

(5) 结算交割

上海证券中央登记结算公司建立了安全、高效的中央结算系统,为证券的中央登记、存管和结算提供优质的服务。在电脑自动撮合成交制度下,交易系统在每笔交易完成后由电脑同步完成股票过户程序,实现即时清算。资金清算方面,中央登记结算公司和证券商在交易次日进行交易资金划拨,再由证券商和投资者进行资金结算。

问题:证券交易所的功能是什么?

案例2:保险中介数量持续下降

保监会2006年上半年共批设187家保险专业中介机构,其中代理机构153家,经纪机构21家,公估机构13家。较上年同期减少112家,下降37%。截至6月底,保险业共有28家代理机构,5家经纪机构退出,1家代理机构转制。

另外据悉,截至2006年6月底,保监会共批准设立保险专业中介机构2 114家,处于经营状态的有1 980家,122家退出市场,另有12家保险代理机构转制为保险经纪机构。在处于经营状态的保险专业中介机构中,保险代理机构1 463家,保险经纪机构284家,保险公估机构233家,分别占74%、14%和12%。到2006年6月底,全国共有外资保险专业中介机构7家。

要求:试分析保险中介数量持续下降的原因。

第4章 商业银行

填空题

1. 最早成立的股份制银行是1694年成立的_____银行,它的出现标志着现代银行制度的建立。
2. 商业银行形成的途径有两条:一是_____性质的早期银行转变成的,二是按_____原则建立的。
3. 商业银行的负债业务是形成其_____的业务,资产业务即其_____的业务。
4. 中央银行向商业银行融资的主要途径有_____和_____。
5. 商业银行的非存款性负债包括_____、_____、_____、_____和_____等。
6. 商业银行证券投资的目的:一是_____,二是_____,三是_____。
7. 商业银行业务经营的"三性原则"是指_____、_____和_____。
8. 银行存款一般可分为_____、_____和_____。
9. 商业银行的组织形式有_____、_____、_____和_____。
10. 商业银行的中间业务主要有_____、_____、_____、_____和_____等。
11. 商业银行的资产业务主要有_____、_____和_____。
12. 商业银行的负债业务主要有_____、_____、_____和_____。
13. 商业银行的发展大致遵循的两种模式是_____、_____。
14. 最基本、最能反映商业银行经营活动特征的职能是_____。

单项选择题

1. 银行在大城市设立总行,在本国和本市及国内外普遍设立分支行的制度是( )。
    A. 单一银行制 B. 分支行制
    C. 银行持股公司制 D. 连锁银行制

2. 商业银行信用创造的基础在于( )规模。
   A. 贷款   B. 投资   C. 原始存款   D. 负债
3. 金融机构之间发生的短期临时性融资活动叫( )。
   A. 贷款业务   B. 票据业务   C. 同业拆借   D. 再贴现业务
4. 信用创造职能是商业银行的( )。
   A. 基本职能   B. 特有职能
   C. 传统职能   D. 调控职能
5. 当商业银行的准备金不足时,最可能采取的措施是( )。
   A. 向中央银行贴现票据   B. 出售证券
   C. 收回贷款   D. 向其他商业银行借款
6. 下列不是商业银行的负债项目的是( )。
   A. 同业存款   B. 应收账款   C. 存款   D. 借入款项
7. 历史上第一家股份制银行是( ),它的出现是现代银行产生的标志。
   A. 德意志银行   B. 法兰西银行   C. 英格兰银行   D. 日本银行
8. 商业银行最基本也是最能反映其经营活动特征的职能是( )。
   A. 信用创造   B. 支付中介   C. 信用中介   D. 金融服务
9. 信托与租赁属于商业银行的( )。
   A. 资产业务   B. 负债业务   C. 中间业务   D. 表外业务
10. 银行持股公司制在( )流行。
    A. 美国   B. 德国   C. 英国   D. 日本
11. 商业银行的投资业务是指银行从事( )的经营活动。
    A. 购买有价证券   B. 租赁   C. 代理买卖   D. 现金管理
12. 下列存款中,商业银行一般不支付或较少支付利息的是( )。
    A. 活期存款   B. 定期存款
    C. 可转让定期存单   D. 活期储蓄存款
13. 商业银行的事后风险管理策略是( )。
    A. 风险准备   B. 风险抑制   C. 风险转移   D. 风险补偿
14. 下列是商业银行的消极风险管理策略的是( )。
    A. 风险抑制   B. 风险消缩   C. 风险回避   D. 风险保险
15. 借款人的还款能力出现明显问题,完全依靠其正常营业收入无法足额偿还贷款本息,即使执行担保,也可能会造成一定损失的贷款是( )。
    A. 关注贷款   B. 次级贷款   C. 可疑贷款   D. 损失贷款
16. 商业银行经营的一般是( )。
    A. 融资性租赁   B. 经营性租赁   C. 回租租赁   D. 转租赁

▶ 多项选择题

1. 下列属于商业银行资产业务的有( )。

A. 证券投资　　　B. 准备金　　　C. 工商业贷款　　　D. 担保
2. 下列属于商业银行负债业务的有(　　)。
   A. 信托业务　　　　　　　　B. 支票存款
   C. 发行债券　　　　　　　　D. 在国际金融市场借款
3. 单一银行制的优点不包括(　　)。
   A. 可以限制银行间的兼并和金融垄断　B. 有利于缩短货币政策的传导时滞
   C. 有利于提高金融监管的效率和质量　D. 在经营决策上拥有较强的自主性
4. 商业银行借款负债包括(　　)。
   A. 发行金融债券　　　　　　B. 同业拆借
   C. 吸收存款　　　　　　　　D. 向中央银行借款
   E. 自有资本
5. 下列属于商业银行表外业务的有(　　)。
   A. 担保　　　　　　　　　　B. 证券投资
   C. 承诺　　　　　　　　　　D. 互换
   E. 期权
6. 属于商业银行中间业务的有(　　)。
   A. 贴现业务　　　　　　　　B. 结算业务
   C. 代理业务　　　　　　　　D. 贷款业务
   E. 咨询业务
7. 按存款的性质划分的存款种类有(　　)。
   A. 活期存款　　　　　　　　B. 定期存款
   C. 储蓄存款　　　　　　　　D. 同业存款
8. 现代商业银行的发展趋势包括(　　)。
   A. 业务经营全能化　　　　　B. 银行资本国有化
   C. 金融活动全球化　　　　　D. 银行经营电子化
9. 现代银行与早期银行比较具有的特点包括(　　)。
   A. 利率低　　　　　　　　　B. 利率适当
   C. 业务范围拓展　　　　　　D. 具有信用创造功能
10. 下列属于商业银行短期借款的有(　　)。
    A. 同业借款　　　　　　　　B. 转贴现
    C. 回购协议　　　　　　　　D. 发行金融债券
11. 担保贷款按照担保方式分为(　　)。
    A. 保证贷款　　　　　　　　B. 抵押贷款
    C. 质押贷款　　　　　　　　D. 票据贴现贷款
12. 对商业银行风险的特征理解正确的有(　　)。
    A. 商业银行的风险造成的损失大
    B. 商业银行的风险涉及面广

C. 银行是社会各经济主体风险的集散地
D. 银行流动性风险加大

13. 风险消缩指尽可能地在自身的经营中消除或缩小风险,可用的交易手段有(　　)。
A. 套头交易　　　　　　　　B. 期货交易
C. 现货交易　　　　　　　　D. 期权交易

判 断 题

1. 现代商业银行产生的途径之一就是由货币兑换业转化而来。(　　)
2. 商业银行的信用中介职能并不改变货币资金的所有权,而只是把货币资金的使用权在资金盈余单位和资金短缺单位之间融通。(　　)
3. 票据贴现是商业银行贷款的一种特殊方式,是指银行买入未到期的票据,借以获取利息收益的一种信贷业务,其实质是一种银行不定期放款。(　　)
4. 分支行制银行由于能在各分支行之间调动资金,所以能更好地支持地方经济。(　　)
5. 商业银行投资的证券都是股权证券。(　　)
6. 商业银行业务经营的三个原则既有联系又有矛盾。(　　)
7. 在我国商业银行的证券投资业务中,资金仅可以投资于债券市场,不能投资于股票市场。(　　)
8. 商业银行通过执行中央银行的宏观调控政策,调整自身的经营和运作,直接发挥了宏观调控的作用。(　　)
9. 资产证券化是指商业银行的资产越来越多地流向证券投资。(　　)
10. 次级贷款是指尽管借款人目前有能力偿还贷款本息,但存在一些可能对偿还产生不利影响的因素的贷款。(　　)
11. 风险规避策略不宜作为风险管理的主导策略。(　　)
12. 商业银行贷款按风险等级划分的正常贷款、关注贷款、次级贷款、可疑贷款和损失贷款五类贷款中,可疑贷款和损失贷款为不良贷款。(　　)

名词解释

商业银行　　单一银行制　　分支行制　　同业拆借　　中间业务　　转贴现　　转抵押　　回购协议　　风险控制　　表外业务

简 答 题

1. 简述商业银行的性质。商业银行与其他金融机构的区别是什么?

2. 商业银行的基本职能有哪些?
3. 商业银行资金来源主要由哪几部分构成?
4. 什么是中间业务?什么是表外业务?简要分析两者的不同。
5. 简述商业银行经营的三个原则。

案例分析题

案例1:海南发展银行的关闭

1998年6月21日,中国人民银行发表公告,关闭刚刚诞生2年10个月的海南发展银行。这是新中国金融史上第一次由于支付危机而关闭一家有省政府背景的商业银行。海南发展银行成立于1995年8月,是海南省唯一一家具有独立法人地位的股份制商业银行,其总行设在海南省海口市,并在其他省市设有少量分支机构。它是在先后合并原海南省5家信托投资公司和28家信用社的基础上建立和壮大起来的。成立时的总股本为16.77亿元,海南省政府出资3.2亿元,是最大的股东。关闭前有员工2 800余人,资产规模160亿元。

海南发展银行从开业之日起就步履维艰,不良资产比例大,资本金不足,支付困难,信誉差。1997年年底按照省政府意图,海南发展银行兼并28家有问题的信用社之后,公众逐渐意识到问题的严重性,开始出现挤兑行为。随后几个月的挤兑行为耗尽了海南发展银行的准备金,而其贷款又无法收回。为保护海南发展银行,国家曾紧急调了34亿元资金救助,但只是杯水车薪。为控制局面,防止风险蔓延,国务院和中国人民银行当机立断,宣布1998年6月21日关闭海南发展银行。同时宣布从关闭之日起至正式解散之日前,由中国工商银行托管海南发展银行的全部资产负债,其中包括接收并行使原海南发展银行的行政领导权、业务管理权及财务收支审批权;承接原海南发展银行的全部资产负债,停止海南发展银行新的经营活动;配合有关部门实施清理清偿计划。对于海南发展银行的存款,则采取自然人和法人分别对待的办法,自然人存款即居民储蓄一律由中国工商银行兑付,而法人债权进行登记,将海南发展银行全部资产负债清算完毕后按折扣率兑付。6月30日,在原海南发展银行各网点开始了原海南发展银行存款的兑付业务,由于公众对中国工商银行的信任,兑付业务开始后并没有造成大量挤兑,大部分储户只是把存款转存工商银行,现金提取量不多,没有造成过大的社会震动。

海南发展银行的关闭原因大致有如下几点:

(1)不良资产比例过大。可以说,海南发展银行的建立本身就是一个吸纳海南非银行金融机构不良资产的怪胎。1992年海南房地产开始火爆,1993年5月后,国家加大金融宏观调控力度,房地产热逐步降温,海南的众多信托投资公司由于大量资金压在房地产上出现了经营困难。在这个背景下,海南省政府决定成立海南发展银行,将5家已存在严重问题的信托投资公司合并为海南发展银行。据统计,合并时这5家机构的坏账损失总额已达26亿元。有关部门认为,可以靠公司合并后的规模经济和制度化管理,使它们的经营好转,信誉度上升,从而摆脱困境。1997年年底,遵循同样的思路,有关部门又将海南省内28家有问题的信用社并入海南发展银行,从而进一步加大了其不良资产的比例。

(2)违法违规经营。海南发展银行建立起来以后,并没有按照规范的商业银行机制进行运作,而是大量进行违法违规经营,其中最为严重的是向股东发放大量无合法担保的贷款。海南发展银行是在1994年12月8日经中国人民银行批准筹建,并于1995年8月18日正式开业的,成立时的股本为16.77亿元。但仅在1995年5月到9月间,就已发放贷款10.6亿元,其中股东贷款9.2亿元,占贷款总额的86.71%。绝大部分股东贷款都属于无合法担保的贷款,许多贷款的用途根本不明确,实际上是用于归还用来入股的临时拆借资金,许多股东的贷款发生在其资本到账后的一个月,入股单位实际上是刚拿来,又拿走。股东贷款实际上成为股东抽逃资本金的重要手段。这种违法违规的经营行为显然无法使海南发展银行走上健康发展的道路。

要求:结合商业银行风险管理基本理论谈谈海南发展银行退出市场给我们带来的启示。

案例2:中国工商银行的海外扩张

伴随着越来越多的中国企业走向世界,在中国拥有丰富客户资源的中国工商银行也在不断扩张其境外版图,目前该行的境外机构网络布局已初具规模,境外资产持续增长,经营效益稳步提高,跨国经营战略取得了巨大成功。截至2005年9月末,工商银行已经拥有16家境外机构,其中分行8家、全资子银行3家、控股公司2家、代表处3家,境外分支机构总数已达100家。截至2005年9月末,中国工商银行境外机构资产总额已经达到229亿美元,占到工行全部外汇资产的32.8%。2005年前三季度,工行境外机构实现账面利润(拨备后税前利润)总计10 464万美元,同比增长14.8%。与此同时,工行境外机构的资产质量也在不断提升。截至2005年9月末,按五级分类口径统计,工行境外机构不良贷款率仅为0.92%,呆账准备金余额16 513万美元,拨备覆盖率达128.4%。此外,工行还积极推动境外业务转型,不断调整和优化业务结构,经营效益进一步得到提高。在保持现有优势业务的同时,加快中间业务和零售业务的发展。2005年前三季度,工行境外机构就实现中间业务收入6 089万美元,占到营业净收入的21.6%。

要求:根据上述资料阐述商业银行的经营发展趋势。

第5章 非银行金融机构

填空题

1. 1994年,为了适应经济发展的需要,我国相继建立了_____、_____、_____三家政策性银行。
2. _____是指由个人集资联合组成,以互助为主要宗旨的合作金融组织。
3. 按保险标的划分,保险可分为_____和_____。
4. _____是指出租人在自己营运资金不足或某些设备不能直接购买的情况下,作为中介人从第三方以租赁融资后购买或承租设备,再转租给承租人使用的金融租赁。
5. 证券公司自营业务的特点有_____、_____和收益的不稳定性。
6. 政策性金融机构是由_____创立、参股或保证的,不以_____最大化为经营目的,在特定的业务领域内从事政策性融资活动,以贯彻和配合政府的社会经济政策或意图的金融机构。
7. 一个典型的信托行为主要涉及三方关系人,即_____、_____和_____。
8. 租赁公司采取的租赁形式通常有直接租赁、_____、_____和杠杆租赁。
9. _____是被保险汽车因发生保险事故而产生的保险人对第三者的人身伤害及其财产损失依法应负的赔偿责任。
10. 一般把商业银行充当资金供求媒介的活动称为_____方式,而把证券公司充当资金供求媒介的活动称为_____方式。
11. 按照地域的不同,信用合作社可分为_____和_____。

单项选择题

1. 各国除银行外,最重要的非银行类金融机构是( )。
   A. 信用合作社　　　　　　　　B. 保险公司
   C. 养老基金　　　　　　　　　D. 政策性银行
2. 以营利为目的,按照商业经营原则经营的保险是( )。

A. 商业保险 B. 人身保险
C. 财产保险 D. 责任保险
3. 不属于存款型金融机构的是( )。
A. 商业银行 B. 储蓄银行
C. 信用合作社 D. 投资基金
4. 不属于我国政策性银行的是( )。
A. 中国人民银行 B. 中国进出口银行
C. 中国农业发展银行 D. 国家开发银行
5. 证券公司通过其设立的证券营业部,接受客户委托,按照客户要求代理客户买卖证券的业务是( )。
A. 证券自营业务 B. 证券承销业务
C. 咨询服务 D. 证券经纪业务
6. 专门为经济开发提供长期投资或贷款的金融机构为( )。
A. 开发性政策性金融机构 B. 农业政策性金融机构
C. 进出口政策性金融机构 D. 住房政策性金融机构
7. 证券公司的功能不包括( )。
A. 充当资金供求的媒介 B. 实现社会资源的有效配置
C. 帮助上市公司筹措资金 D. 维系证券市场的有序发展
8. 政策性金融机构创建时的资本多来自政府拨款,在经营过程中由政府提供信用保证体现了政策性金融机构的( )。
A. 经营目标的非营利性 B. 业务范围的确定性
C. 融资机制的特殊性 D. 组织与设立的政府控制性

多项选择题

1. 我国现阶段政策性银行主要有( )。
A. 国家开发银行 B. 中国农业发展银行
C. 中国进出口银行 D. 中国人民银行
2. 我国现行的非银行金融机构主要有( )。
A. 中国人民保险公司 B. 中国国际信托投资公司
C. 信用合作社 D. 邮政储蓄银行
3. 保险的职能包括( )。
A. 经济补偿职能 B. 防灾减损职能
C. 资金运用职能 D. 最大诚信职能
4. 一般情况下,政策性银行具有的基本特征有( )。

A. 行为目标的非营利性 B. 业务领域的专业性
C. 信用创造的差别性 D. 组织方式上的政府控制性
5. 关于融资租赁的表述,正确的有( )。
A. 设备的所有权和使用权相分离 B. 融资和融物相结合
C. 至少涉及两个合同 D. 以分期付款租金形式获取租赁物
6. 按保险关系实施方式分类的保险种类有( )。
A. 自愿保险 B. 法定保险
C. 再保险 D. 商业保险
7. 信用合作社的主要资金来源于( )。
A. 吸收的存款合作 B. 公积金
C. 发行金融债券 D. 成员交纳的股金
8. 人身保险划分的种类包括( )。
A. 第三者责任保险 B. 人寿保险
C. 人身意外伤害保险 D. 健康保险

判 断 题

1. 再保险是指保险人将所承包的业务的一部分或全部,分给一个或几个保险人承担。( )
2. 中央银行与政策性银行都不以营利为目标。( )
3. 当前租赁公司主要以融资租赁业务为主。( )
4. 汽车保险不属于财产保险。( )
5. 信用合作社的资金主要来源于其成员交纳的股金和吸收存款,贷款主要用于解决其成员的资金需要。( )
6. 政策性银行通常不具有派生存款和增加货币供给的功能。( )
7. 我国的金融体系是由中央银行和多种形式的银行机构组成。( )
8. 在信托关系中,托管财产的财产权即财产的所有、管理、经营和处理权,从委托人转移到受托人。( )
9. 在整个租赁合同期间,租赁资产的所有权属于承租人,承租人在租期内以租金为代价并获得租赁资产的使用权。( )

名词解释

保险公司　　证券公司　　政策性金融机构　　信托投资公司　　租赁公司
信用合作社　　人身保险　　自愿保险　　再保险　　证券承销　　证券自营业务
融资租赁　　杠杆租赁

简答题

1. 简述保险业务的种类。
2. 证券公司具备哪些功能？
3. 证券公司的业务主要有哪些？
4. 什么是政策性金融机构？政策性金融机构与商业性金融机构有何区别？
5. 简述信托投资公司的业务。
6. 简述信用合作社的类别。
7. 什么是融资租赁？融资租赁可以采取哪些形式？
8. 简要阐述融资租赁的特点。

案例分析题

案例：空难事故保险赔付

2002 年 4 月 15 日，中国国际航空公司飞往韩国的 CA129 航班在韩国釜山不幸坠毁，机上 155 名旅客和 11 名机组人员遇难。

2002 年 5 月 7 日，中国民航北方航空公司一架客机在大连海域失事，机上 112 人全部遇难。

在不到一个月的时间内连续发生两起空难事故，在全国引起巨大震动。事故发生后，国内各大保险公司迅速启动保险紧急救援系统，积极参与事故的救援并快速展开对失事保户的调查理赔工作。

据统计，"4·15"空难中 2 161 万美元的机身险赔付中，中国人民保险公司承担了 302.5 万美元，中国再保险公司承担了 432.5 万美元的分保额。在"5·7"空难的保险赔付中，各保险公司赔付 43 人的航空意外伤害险，共 860 万元人民币；另据不完全统计，各保险公司赔付的其他人寿保险近 600 万元人民币。两次空难的再保险赔付共为 477.2 万美元。

要求：结合案例内容阐述你是如何理解保险公司的基本职能的。

第6章 中央银行与货币政策

填 空 题

1. 中央银行走过了几百年的发展历程,从历史发展的脉络分析,它有一个产生、发展和完善的过程,学术界将其划分为_____、_____、_____三个不同的时期。

2. 就各国的中央银行制度来看,大致可归纳为四种类型:_____、_____、_____、_____。

3. 成立于_____的_____,是现代中央银行的鼻祖,它在中央银行的发展史上是一个重要的里程碑。

4. 货币政策包括三方面的内容:_____、_____、_____。

5. 中央银行的货币政策目标包括:_____、_____、_____、_____。

6. 根据我国的具体情况,1995年3月18日,《中华人民共和国人民银行法》明确规定,中国人民银行的货币政策目标是_____。

7. 一般性的货币政策工具是指各国中央银行普遍运用或经常运用的货币政策工具。一般性的货币政策工具包括以下三种:一是_____,二是_____,三是_____。

8. 中央银行传统的三大职能是_____、_____、_____。

9. 间接信用管制即指中央银行采用的非强制性的影响商业银行信用活动的各种措施总称,包括_____、_____及_____等。

10. 各国中央银行选择的中介指标不尽相同,主要有_____、_____、_____、_____。

11. 1958年,英国著名经济学家在说明物价稳定与充分就业之间的关系时运用了一条两者替代关系的经验曲线,即著名的_____。

12. 欧洲中央银行是根据1992年《马斯特里赫特条约》的规定于_____年_____月_____日正式成立的,其前身是设在法兰克福的欧洲货币局。

13. 各国中央银行选择的中介指标不尽相同,主要有_____、_____、_____、_____。

单项选择题

1. 国际收支是否平衡是根据（　　）的结果来判定的。
   A. 调节性交易　　B. 自主性交易　　C. 事前交易　　D. 事后交易
2. 菲利普斯曲线说明的是（　　）此消彼长的关系。
   A. 物价稳定与经济增长之间　　B. 物价稳定与国际收支之间
   C. 经济增长与国际收支之间　　D. 物价稳定与充分就业之间
3. 中央银行集中保管准备金是其（　　）职能的体现。
   A."银行的银行"　B."政府的银行"　C."发行的银行"　D."全能的银行"
4. 被西方经济学家喻为"更像巨斧而不像小刀"的一般性政策工具是（　　）。
   A. 再贴现政策　　B. 公开市场业务　　C. 存款准备金政策　　D. 再贷款政策
5. 我国的货币政策目标是（　　）。
   A. 稳定币值　　B. 经济增长
   C. 充分就业　　D. 保持货币币值稳定，并以此促进经济增长
6. 具有告示效应的政策工具是（　　）。
   A. 再贴现政策　　B. 公开市场业务　　C. 存款准备金政策　　D. 再贷款政策
7. 拥有垄断的货币发行权是（　　）特有的权利，而且是其最根本的标志。
   A. 财政部　　B. 中央银行　　C. 商业银行　　D. 金融机构
8. 在中央银行的三大职能中，代理国库是中央银行（　　）职能的体现。
   A. 发行的银行　　B. 政府的银行　　C. 银行的银行　　D. 贷款的银行
9. 流动性比例管理应属于（　　）。
   A. 一般性政策工具　　B. 直接信用控制
   C. 间接信用控制　　D. 选择性政策工具
10. 下列工具不属于总量调控工具的是（　　）。
    A. 再贴现政策　　B. 公开市场业务
    C. 存款准备金政策　　D. 不动产信用控制
11. 中央银行制度的强化时期是（　　）。
    A. 1656 至 1844 年　　B. 中央银行产生至 1914 年
    C. 1914 年至二战结束　　D. 二战结束后至今
12. 中国人民银行专门行使中央银行职能的时间是（　　）。
    A. 1948 年 12 月 1 日　　B. 1949 年 10 月 1 日
    C. 1984 年 1 月 1 日　　D. 1995 年 3 月 18 日
13. 最富有弹性的一般性货币政策工具是（　　）。
    A. 法定准备金制度　　B. 再贴现政策
    C. 公开市场业务　　D. 不动产信用控制

多项选择题

1. 下列货币政策工具中,属于选择性的政策工具的有(　　)。
   A. 优惠利率　　B. 不动产信用控制　　C. 消费信用控制　　D. 利率控制
2. 可作为货币政策的中介指标的金融变量有(　　)。
   A. 利率　　　　B. 货币供应量　　　C. 基础货币　　　　D. 超额准备金
3. 下列各项是央行"政府的银行"职能体现的有(　　)。
   A. 最后贷款人　　　　　　　　　B. 为政府融通资金
   C. 集中保管黄金、外汇　　　　　D. 清算业务
4. 下列各项是中央银行的直接调控工具的有(　　)。
   A. 利率高限　　B. 优惠利率　　C. 信用配额　　D. 流动性管理
5. 在中央银行的下列行为中,可导致基础货币增加的有(　　)。
   A. 在公开市场上买进有价证券　　B. 降低再贴现利率
   C. 提高法定准备金率　　　　　　D. 买进外汇
6. 导致货币供应量缩减的政策手段有(　　)。
   A. 提高法定准备金率　　　　　　B. 降低再贴现率
   C. 中央银行卖出有价证券　　　　D. 中央银行买入外汇
7. 在一般性政策工具中,缺乏弹性的货币政策工具有(　　)。
   A. 公开市场业务　　　　　　　　B. 利率管制
   C. 再贴现政策　　　　　　　　　D. 法定准备金政策
8. 对一般性货币政策理解正确的有(　　)。
   A. 法定准备金政策对经济的冲击力太大
   B. 利用再贴现政策工具时,中央银行往往处于被动地位
   C. 当中央银行在公开市场上卖出有价证券,基础货币将等额增加
   D. 公开市场业务可以经常性、连续性操作

判断题

1. 油价上涨带动了出租车价格上涨,说明稳定物价目标没有实现。(　　)
2. 稳定物价即指将物价指数控制在1%。(　　)
3. 因为任何国家都会存在多种原因的失业,所以充分就业是不可能的。(　　)
4. 中央银行是宏观调控主体,也是追求利益的主体,但在与商业银行有利益冲突时应退让。(　　)
5. 制定货币政策是中央银行"银行的银行"的职能体现。(　　)
6. 财政政策的内部时滞长,外部时滞短,而货币政策相反。(　　)

7. 中央银行在公开市场上卖出证券,可导致基础货币减少。（ ）

8. 当大量货币进入不动产市场而引发房地产价格上涨时,中央银行应通过调高法定存款准备金率控制过多的货币供给。（ ）

9. 2007年我国中央银行连续10次提高法定存款准备金率,目的是增加商业银行可用资金规模,扩大货币供应量。（ ）

10. 中央银行是在业务经营中有一定的利润收入,但中央银行是不以营利为经营目标的金融管理机构。（ ）

11. 法定存款准备金政策具有较强的告示效应。（ ）

12. 当金融市场资金过剩时,中央银行可以通过公开市场操作买进有价证券,减少基础货币供给而实现紧缩货币供给的政策目的。（ ）

名词解释

中央银行　　单一制中央银行制度　　复合的中央银行制度　　银行的银行　　货币政策　　存款准备金政策　　再贴现政策　　公开市场业务　　选择性货币政策工具　　直接信用工具　　间接信用管制　　道义劝告　　窗口指导　　中介指标　　货币政策的传导机制

简答题

1. 简述中央银行产生的必要性。
2. 中央银行强化时期的特征的具体体现是什么？
3. 简述中央银行的性质。
4. 为什么中央银行是银行的银行？
5. 为什么中央银行是国家的银行？
6. 西方国家的日常性货币政策操作工具是什么？其特点有哪些？
7. 简述中央银行的选择性货币政策工具。
8. 简述货币政策传递机制的基本原理。

案例分析题

案例：央行决定上调金融机构人民币存贷款基准利率

中国人民银行决定,自2011年4月6日起上调金融机构人民币存贷款基准利率。金融机构一年期存贷款基准利率分别上调0.25个百分点,其他各档次存贷款基准利率及个人住房公积金贷款利率相应调整。这已经是今年以来第二次上调利率。

问题：应如何看待此次利率调整？

第7章 货币供求均衡与通货问题

填空题

1. 在市场经济中,利率作为一种资金价格,正常情况下是与货币需求成_____,即市场利率越高,货币需求越_____;利率下降,货币需求_____。
2. 创造存款货币必须具备的条件是_____、_____。
3. 货币失衡有三种情况:_____、_____以及_____。
4. 货币失衡的政策调整措施有_____、_____、_____、_____。
5. 通货膨胀的四种成因是_____、_____、_____、_____。
6. 通货紧缩的原因一般包括_____、_____、_____。
7. 根据马克思货币需求理论科学论述的纸币流通规律,其实质是_____。

单项选择题

1. 货币乘数是货币扩张系数,用以说明货币供给量与( )之间的倍数。
   A. 基础货币　　　B. 国民收入　　　C. 外汇储备　　　D. 总产出
2. 在正常情况下,市场利率与货币需求呈( )关系。
   A. 正相关　　　B. 负相关　　　C. 不相关　　　D. 正负相关都可能
3. 下列说法明显错误的是( )。
   A. 物价的持续下降意味着实际利率上升,投资项目的吸引力下降
   B. 物价的持续下降意味着购买力不断提高,从而消费者会增加消费,减少储蓄
   C. 通货紧缩可引发银行业危机
   D. 通货紧缩制约了货币政策实施
4. 通货膨胀的原因在于经济发展过程中社会总需求大于总供给,从而引起一般物价水平持续上涨的理论是( )。
   A. 需求拉上论　　B. 成本推进论　　C. 开放型通货膨胀　D. 结构论
5. 对货币需求理解错误的是( )。

A. 货币需求指的是有效需求,即指需求货币的愿望

B. 货币需求指的是有效需求,即指既有需求货币的愿望,又有获得或持有货币的能力

C. 货币需求受一定的经济条件制约

D. 货币需求是对货币量的需求

6. 一般来说,货币需求与信用发展呈( )关系。
   A. 正相关　　　　B. 负相关　　　　C. 无相关　　　　D. 函数

7. 需求拉上型通货膨胀的原因是( )。
   A. 总需求大于总供给
   B. 货币工资增长率超过劳动生产率增长率
   C. 垄断利润提高
   D. 需求结构变化

8. 如果货币当局通过提高再贴现率来治理通货膨胀,这种措施应属于( )。
   A. 紧缩型货币政策　　　　　　　B. 供给政策
   C. 紧缩型财政政策　　　　　　　D. 收入政策

9. 通货膨胀从本质上讲是一种( )。
   A. 价格现象　　　　　　　　　　B. 社会现象
   C. 货币现象　　　　　　　　　　D. 经济现象

10. 马克思的货币必要量理论的结论是( )。
    A. 货币必要量由货币流通速度决定
    B. 流通中的货币量决定商品的价格
    C. 商品的价格决定流通中的货币必要量
    D. 商品的价格是在流通中形成的

11. 对付成本推进型通货膨胀的有效方法是( )。
    A. 货币政策　　　　　　　　　　B. 财政政策
    C. 收入政策　　　　　　　　　　D. 行政干预政策

12. 如果原始存款为3 000万元,派生存款为6 000万元,那么派生倍数应为( )。
    A. 2　　　　　B. 3　　　　　C. 4　　　　　D. 5

13. 在存款总额一定的情况下,法定准备金率越高,商业银行可用于放款的金额( )。
    A. 不变　　　　B. 越多　　　　C. 越少　　　　D. 不确定

14. 在货币供求失衡时,从压缩货币供给量入手,使之适应货币需求量,这种调节措施属于( )。
    A. 需求型调节　　　　　　　　　B. 混合型调节
    C. 逆向型调节　　　　　　　　　D. 供应型调节

多项选择题

1. 货币供给的主体包括（　　）。
   A. 中央银行　　　　B. 商业银行　　　　C. 企业　　　　D. 家庭
2. 基础货币包括（　　）。
   A. 通货　　　　B. 存款货币　　　　C. 存款准备金　　　　D. 原始存款
3. 下列各项中影响基础货币投放的有（　　）。
   A. 中央银行通过收购金银外汇　　　　B. 中央银行直接对财政贷款
   C. 中央银行票据再贴现　　　　D. 中央银行直接贴现国债
4. 制约商业银行存款创造的有（　　）。
   A. 法定准备金率　　　　B. 现金漏损率
   C. 利率　　　　D. 资金闲置率
5. 按照通货膨胀产生的原因，可将通货膨胀划分为（　　）。
   A. 需求拉上型　　　　B. 结构型
   C. 成本推动型　　　　D. 供求混合推动型
6. 通货膨胀的治理中，抑制需求政策有（　　）。
   A. 调高法定准备金率　　　　B. 央行买入黄金外汇
   C. 限制工资提高　　　　D. 减税
7. 引起有效需求不足的原因包括（　　）。
   A. 消费需求不足　　　　B. 企业投资动力不足
   C. 限制工资提高　　　　D. 出口需求增加

判 断 题

1. 货币供给会形成一定的总需求，而总供给又决定了货币需求。（　　）
2. 通货膨胀不是一次性和短暂的物价水平的上涨现象，而是持续的不可逆转的物价水平上涨现象。（　　）
3. 货币供应量的下降就是通货紧缩。（　　）
4. 货币供给与货币供给量是两个有联系又不同的概念。（　　）
5. 货币供给量是否合理决定着社会总需求是否合理，从而决定着社会总供求能否达到均衡。（　　）
6. 在整个经济中总需求和总供给处于平衡状态，不会发生一般物价水平的上涨。（　　）
7. 与温和的通货膨胀相比，通货紧缩会给政策带来更大的潜在风险，因为通货紧缩严重地制约了财政政策的实施。（　　）

名词解释

货币需求　　原始存款　　派生存款　　货币供应量　　基础货币　　货币乘数
货币均衡　　通货膨胀　　需求拉上学说　　成本推进学说　　通货紧缩

简答题

1. 简述影响货币需求的因素。
2. 简析费雪的交易方程式与剑桥学派的货币需求方程式的区别。
3. 简述马克思的货币需求理论。
4. 划分货币供给层次的目的是什么？
5. 简述存款货币创造的制约因素。
6. 简要分析通货膨胀对经济的影响。
7. 简述通货膨胀的治理措施。
8. 通货紧缩有哪些特征？
9. 分析通货紧缩对经济的影响。
10. 简述通货紧缩的治理措施。

计算题

假设客户以现金形式存入银行 10 000 万元，中央银行的法定准备金率为 15%，则银行的派生存款应为多少？

案例分析题

案例：2010 年我国物价基本情况

国家统计局公布的统计数据显示，2010 年经济增长趋稳，全年国内生产总值比上年增长 10.3%。CPI 在 2009 年的 11 月份和 12 月份开始由负转正，并在 2010 年呈现加快上涨趋势，一季度上涨 2.2%，二季度上涨 2.9%，三季度上涨 3.5%，四季度上涨 4.7%，全年同比增长 3.3%。

由于国内需求快速扩张、生产要素和劳动力成本上升、资源类产品价格改革、充裕流动性的收缩时滞，加上国外输入性通货膨胀压力加大，国内物价上升压力不减。中国国内物价已居高位，2010 年 11 月 CPI 同比增长达 5.1%，12 月回落到 4.6%，全年增长 3.3%，现在尤其需要防范输入型通货膨胀风险。

中国物价上涨背后的推动因素较多，具体有：世界粮食供给减少，刚性需求增加，粮食价格继续上涨;美国持续的量化宽松政策,美元贬值;人民币升值预期,中美利差倒挂;"人口红利"递减,劳动力成本快速上升;刺激经济政策尚未完全退出,累积了影响物价的货币基础条件;2010年对2011年带来的翘尾因素(上期物价变动因素对下期价格指数的延伸影响)有2.6个百分点左右,翘尾因素明显升高。

要求:

1. 运用通货膨胀原理分析说明我国是否发生了通货膨胀。
2. 说明当前我国的通货膨胀体现了哪些特征。

第8章 金融市场

填 空 题

1. 金融市场的交易者一般包括_____、_____、_____、_____、_____ 五个部门。
2. 大额可转让定期存单市场就是以经营_____为主的市场,简称_____市场。
3. 根据不同组织形式,债券市场可分为_____和_____。
4. 根据投资者范围不同,我国股票市场可分为_____的 A 股市场和_____的 B 股市场。
5. _____和_____共同构成了证券投资基金的两种基本运作方式。
6. 比较有影响的黄金市场主要集中在_____、_____、_____和_____ 等地。

单项选择题

1. 按资金的偿还期限不同,金融市场可分为(   )。
   A. 一级市场和二级市场   B. 同业拆借市场和长期债券市场
   C. 货币市场和资本市场   D. 股票市场和债券市场
2. 下列属于资本市场的有(   )。
   A. 同业拆借市场   B. 股票市场
   C. 票据市场   D. 大额可转让定期存单
3. 银行间进行的票据转让是(   )。
   A. 贴现   B. 转贴现   C. 再贴现   D. 都不是
4. 在出售证券时与购买者约定到期买回证券的方式称为(   )。
   A. 证券发行   B. 证券承销   C. 期货交易   D. 回购协议
5. 货币市场最基本的功能是(   )。
   A. 调剂余缺,满足短期融资需要   B. 为各种信用形式的发展创造条件
   C. 为政策调控提供条件和场所   D. 有利于企业重组

6. 回购协议的标的物是( )。
   A. 政府债券   B. 中央银行债券
   C. 金融债券   D. 有价证券
7. 下列属于应在资本市场筹资的资金需求是( )。
   A. 有一笔暂时闲置资金   B. 商业银行的存款准备金头寸不足
   C. 流动性资金不足   D. 补充固定资本
8. 下列属于非系统风险的是( )。
   A. 信用风险   B. 市场风险
   C. 购买力风险   D. 政策风险
9. 期权合约买方可能形成的收益或损失状况是( )。
   A. 收益无限大,损失有限大   B. 收益有限大,损失无限大
   C. 收益有限大,损失有限大   D. 收益无限大,损失无限大
10. 金融衍生工具交易一般只需要支付少量的保证金就可以签约,这是衍生工具的( )特点。
    A. 跨期性   B. 风险性
    C. 杠杆性   D. 投机性
11. 金融期货交易的是( )。
    A. 基础性金融商品   B. 基差
    C. 价格   D. 标准化期货合约
12. 在期货市场中,出于规避风险目的而进行交易的是( )。
    A. 投机者   B. 经纪商   C. 套期保值者   D. 期货交易所
13. 持有者能在规定的期限内按交易双方商定的价格购买或出售一定数量的某种商品的权利称为( )。
    A. 期货   B. 远期   C. 期权   D. 互换
14. 在双方的交易关系中,合约赋予买方权利,卖方没有任何权利,随时准备履行相应的义务的是( )。
    A. 期货交易   B. 期权交易   C. 现货交易   D. 外汇交易
15. 一般来讲,政府债券与公司债券比较( )。
    A. 政府债券风险小,收益低   B. 政府债券风险大,收益高
    C. 政府债券风险小,收益高   D. 政府债券风险大,收益低
16. 商业银行是货币市场的主要参与者,商业银行参与货币市场的主要目的是( )。
    A. 调剂资金头寸,进行短期资金融通
    B. 取得投资利润
    C. 获取该市场上安全的投资品种,实现合理的投资组合
    D. 通过公开市场操作,实现货币政策目标

17. 以下不属于外汇市场作用的是( )。
    A. 实现购买力的国际转移　　　　　B. 为国际经济贸易融通资金
    C. 提供外汇保值和投机场所　　　　D. 改善企业的负债结构
18. 按交易工具的不同期限,金融市场可分为( )。
    A. 现货市场和期货市场　　　　　　B. 货币市场和资本市场
    C. 初级市场和二级市场　　　　　　D. 票据市场和外汇市场
19. 股份公司筹集资本的最基本的工具是( )。
    A. 银行贷款　　B. 优先股　　C. 公司债券　　D. 普通股
20. 可以通过证券多样化回避的风险是( )。
    A. 系统性风险　B. 通胀风险　C. 企业风险　　D. 道德风险

多项选择题

1. 从交易对象的角度看,货币市场主要由( )等子市场组成。
    A. 基金　　　　　　　　　　　　　B. 同业拆借
    C. 商业票据　　　　　　　　　　　D. 国库券
2. 下列描述属于货币市场特点的有( )。
    A. 交易期限短　　　　　　　　　　B. 资金借贷量大
    C. 交易工具收益较高而流动性差　　D. 风险相对较低
3. 票据市场包括( )。
    A. 商业票据承兑市场　　　　　　　B. 商业票据贴现市场
    C. 银行承兑汇票市场　　　　　　　D. 中央银行票据市场
4. 下列描述属于资本市场特点的有( )。
    A. 金融工具期限长　　　　　　　　B. 为解决长期投资性资金的供求需要
    C. 资金借贷量大　　　　　　　　　D. 流动性强
5. 按金融交易的交割期限可以把金融市场划分为( )。
    A. 现货市场　　　　　　　　　　　B. 货币市场
    C. 长期存贷市场　　　　　　　　　D. 期货市场
6. 金融市场的参与者有( )。
    A. 居民个人　　　　B. 商业性金融机构　　　C. 政府
    D. 企业　　　　　　E. 中央银行
7. 按交易标的物可以把金融市场划分为( )。
    A. 衍生工具市场　　B. 票据市场　　　　　　C. 证券市场
    D. 黄金市场　　　　E. 外汇市场
8. 下列属于金融衍生工具的有( )。
    A. 股票价格指数期货　　　　　　　B. 银行承兑汇票
    C. 短期政府债券　　　　　　　　　D. 货币互换

9. 按基础工具来划分,金融期货主要包括(　　)。
   A. 货币期货　　　　　　　　　　B. 石油期货
   C. 利率期货　　　　　　　　　　D. 股票价格指数期货
10. 股票发行市场与流通市场的关系是(　　)。
    A. 发行市场是基础,是前提
    B. 流通市场是基础,是前提
    C. 没有发行市场,就不会有流通市场
    D. 没有流通市场,就不会有发行市场
    E. 流通市场绝不是无足轻重、可有可无的,它对发行市场有着重要的促进或推动作用
11. 货币市场上的交易工具主要有(　　)。
    A. 货币头寸　　B. 长期公债　　C. 公司债券　　D. 票据　　E. 股票
12. 不属于政府债券的主要风险的有(　　)。
    A. 信用风险　　B. 财务风险　　C. 经营风险　　D. 购买力风险
13. 金融机构为筹集资金而发行的证券包括(　　)。
    A. 大额可转让定期存单　　　　　B. 银行承兑汇票
    C. 银行本票　　　　　　　　　　D. 银行股票
14. 债券与股票的相同点表现为(　　)。
    A. 都是有价证券　　　　　　　　B. 都有明确的偿还期
    C. 都是筹资工具　　　　　　　　D. 都是所有权的代表
    E. 都是债权的代表
15. 证券投资基金具有的特点包括(　　)。
    A. 集合投资　　B. 收益高　　　C. 分散风险　　D. 专家理财

判　断　题

1. 政府既是货币市场上重要的资金需求者和交易主体,又是重要的监管者和调节者。(　　)
2. 有价证券从发行者手中转移到投资者手中,这类交易属于二级市场交易。(　　)
3. 债券回购交易实质上是一种以有价证券作为抵押品拆借资金的信用行为。(　　)
4. 对于商业银行来说,利用回购协议融入的资金不用交纳存款准备金。(　　)
5. 同业拆借市场最重要的交易对象是银行间存款。(　　)
6. 票据经过银行承兑,有相对小的信用风险,是一种信用等级较高的票据。(　　)
7. 资本市场通过间接融资方式可以筹集巨额的长期资金。(　　)
8. 不论企业是否获利,企业债券必须按期如数还本付息,而普通股票的收益则取决于企业盈利状况。(　　)
9. 债务人不履行约定义务所带来的风险称为市场风险。(　　)

10. 按风险性从大到小排列,依次是企业债券、金融债券、政府债券。（　　）
11. 证券公司与证券交易所同为银行金融机构,因此两者并无本质区别。（　　）
12. 股票市场主要由发行市场与流通市场构成。（　　）
13. 开放式投资基金,投资者可以随时购买,也可以随时请求赎回。（　　）

名词解释

金融市场　　回购协议市场　　证券投资基金　　金融远期合约　　金融期权

简　答　题

1. 金融市场具有哪些功能?
2. 货币市场的特征有哪些?
3. 投资债券所面临的风险主要有哪几种?
4. 封闭式基金和开放式基金的区别有哪些?
5. 决定和影响汇率的因素有哪些?

案例分析题

案例1:纽约——世界最重要的国际金融中心之一

　　第二次世界大战之后,纽约金融市场在国际金融领域中的地位进一步加强。美国凭借其在战争时期膨胀起来的强大经济和金融实力,建立了以美元为中心的资本主义货币体系,使美元成为世界上最主要的储备货币和国际清算货币。西方资本主义国家和发展中国家的外汇储备中大部分是美元资产,存放在美国,由纽约联邦储备银行代为保管。一些外国官方机构持有的部分黄金也存放在纽约联邦储备银行。纽约联邦储备银行作为贯彻执行美国货币政策及外汇政策的主要机构,在金融市场中的活动直接影响到市场利率和汇率,对国际市场利率和汇率的变化有着重要影响。世界各地的美元买卖,包括欧洲美元、亚洲美元市场的交易,都必须在美国,特别是在纽约的商业银行账户上办理收付、清算或划拨,因此纽约成为世界美元交易的清算中心。此外,美国外汇管制较松,资金调动比较自由。在纽约,不仅有许多大银行,而且商业银行、储蓄银行、投资银行、证券交易所及保险公司等金融机构云集,许多外国银行也在纽约设有分支机构,1983年世界最大的100家银行在纽约设有分支机构的就有95家。这些都为纽约金融市场的进一步发展创造了条件,加强了它在国际金融领域中的地位。

　　纽约金融市场按交易对象划分,主要包括外汇市场、货币市场和资本市场。

　　美国的纽约外汇市场,也是世界上最主要的外汇市场之一。纽约外汇市场并无固定的交易场所,所有的外汇交易都是通过电话、电报和电传等通信设备,在纽约的商业银行与外汇市场经纪人之间进行。这种联络就组成了纽约银行间的外汇市场。此外,各大商业银行都有自己的通信系统,与该行在世界各地的分行外汇部门保持联系,又构成了世界性的外汇市场。由于世界各地时差关系,各外汇市场开市时间不同,纽约各大银行与世界各地外汇市场可以昼夜 24 小时保持联系。因此它在国际的套汇活动几乎可以立即完成。

纽约货币市场即纽约短期资金的借贷市场,是资本主义世界主要货币市场中交易量最大的一个。除纽约市金融机构、工商业和私人在这里进行交易外,每天还有大量短期资金从美国和世界各地涌入流出。和外汇市场一样,纽约货币市场也没有一个固定的场所,交易都是供求双方直接或通过经纪人进行的。在纽约货币市场的交易,按交易对象可分为:联邦基金市场、政府国库券市场、银行可转让定期存单市场、银行承兑汇票市场和商业票据市场等。

纽约资本市场是世界最大的经营中、长期借贷资金的资本市场,可分为债券市场和股票市场。纽约债券市场交易的主要对象是政府债券、公司债券、外国债券。纽约股票市场是纽约资本市场的一个组成部分。在美国,有 10 多家证券交易所按证券交易法注册,被列为全国性的交易所,其中纽约证券交易所、NASDAQ 和美国证券交易所最大,它们都设在纽约。

问题:对比纽约,上海在建立国际金融中心的过程中还有哪些方面需要改进?

案例 2:美国、韩国、中国香港发展衍生品市场的经验

美国发展衍生品市场的经验

美国作为世界衍生品交易的发源地和衍生品大国,以期货为核心的衍生品市场在维护美国金融、经济安全上发挥了至关重要的作用。1929 年美国股市大崩盘后,股市一蹶不振,导致整个经济大萧条,而 1987 年美国股市也曾出现较大的股灾,但并没有出现类似的经济危机,没过多久股市便又兴旺起来。原因之一就是当今的美国证券市场有 1929 年的证券市场所不具备的股指期货等金融衍生工具。由于避险工具的存在,使投资者在 1987 年股灾中的损失得到很大缓解,没有导致金融界的连锁反应,并很快迎来了 20 世纪 90 年代的空前大牛市。事后,很多经济学家指出,假设 1987 年危机发生时没有股指期货交易,后果真是不堪设想。再如,2001 年,"9·11 事件"发生后,期货价格瞬间暴跌,所有相关的股票也被抛售。9 月 20 日之后,股票市场虽仍在继续下滑,但期货指标已经开始回升,这个变化马上被市场发现,股票价格随即反弹,两者的差距很快又缩小至接近零的状态。

对此,利奥·梅拉梅德认为,期货和期权市场虽还没有达到完美的程度,但却继续着它们控制风险的作用。事实上,期货市场在 21 世纪初期多次金融风波中的表现值得荣获最高荣誉,这包括:(1)美国中央银行一年内 8 次降息;(2)持续大跌的股票市场;(3)"9·11 事件"给市场带来的震荡;(4)对恐怖主义分子的战争,面临的恐怖事件;(5)自大萧条以来,从来没有出现的公司丑闻。

韩国发展衍生品市场的经验

1998年东南亚金融危机后,韩国国内生产总值下跌6.7%,1999年则上升10.9%,2000年增长幅度为8.8%。2001年,在世界经济整体衰退的大背景下,韩国国内生产总值增长2.8%。而同期,在亚洲"四小龙"中,香港经济增长为-0.3%,台湾为-2.3%,新加坡为-2.5%。相比之下,韩国经济恢复快、增长幅度大,而且表现出内生性可持续增长的特征。与此同时,金融市场异常活跃。2001年,韩国股票指数期货200(KOSPI200),跃居世界单个金融期货产品第三位;韩国股票指数期权200,跃居世界第一位。

东南亚经济危机之后,韩国人充分认识到虚拟经济和实体经济的关系,一步到位、高起点地发展金融衍生品市场,允许社保基金进入证券市场。韩国先后推出股票指数期货和期权、国债期货和期权、美元期货和期权、黄金期货和期权,形成了有层次、多品种的金融期货产品体系,吸引了大批国内外的投资者参与交易,迅速改善了韩国的金融形势。韩国人认为,通过政策和制度途径截断本国金融市场和外部的联系来保护民族金融产业,是一种消极的防御策略;增加和股票市场波动周期具有相位差的金融期货及衍生品市场以稳定现货证券市场运行,才是积极的防御策略。

韩国人认为,面对西方较强的金融产业,必须像引进外资、开放产业市场一样开放金融产业。韩国对外资全面开放资本市场,结果衍生品市场重新吸引了大量的外资。外资在KOSPI200期货、期权上的交易已经占到9%和10%左右。韩国外汇储备由1998年年底的52亿美元迅速回升至2001年年底的1 028亿美元。韩国期货市场的成功发展稳定了基础金融市场,推动了出口贸易的迅速发展,致使韩国经济得以从金融危机中迅速复苏。

金融危机之后,韩国大力宣传KOSPI200期货和期权产品,并举办各种各样的培训班进行实战操作。截至2001年年底,韩国除正常证券经纪商之外,散户投资者有1 000万人,频繁交易者有400万人,网上交易中有70%左右的合约量交易是散户交易。2003年年末,韩国KOSPI200综合股指期货、期权合约超越了全球其他衍生品合约,在全球合约成交量中排名榜首。

中国香港特区政府运用金融衍生品市场保卫金融市场

1997年7月,亚洲金融危机爆发。美国著名金融家索罗斯旗下的对冲基金,在亚洲各国和地区发起持久的连番狙击并获得成功后,开始有计划地向香港股市及期市发动冲击。他们一方面在外汇市场大手抛出投机性的港元沽盘,冲击港元汇率,迫使港元的拆息大幅升高,引致香港股票市场恒生指数急挫,另一方面在恒指期货市场累积大量空单。恒生指数每跌1点,他们的每张做空期指合约就可赚50港元。

面对国际投机基金的猖狂进攻,香港特区政府下定决心保卫金融市场,从而引发了国际经济史上最大的金融战。1998年8月14日,香港特区政府总结了前一阶段捍卫港元汇率中的经验教训,同意金管局动用外汇基金进入香港股票市场收购股票,同时在期货市场采取相应的对策。此后的10个交易日里险象环生,尤其是28日(期指结算日)的激烈程度更是空前。

上午10点整，香港股市、期市开市，投机基金即以每手16万股的汇丰控股(每股174港元)及香港电讯(每股15.2港元)大量抛售，特区政府以无限的买盘全力退守恒生指数7 860点的水平，其后恒生指数和期货指数始终在7 800点以上微微地上下摆动，然而成交额却直线飙升。收市时，恒生指数达到7 829点，恒生指数期货达7 851点。股市成交额创历史最高，达790亿港元。特区政府先后动用了1 000多亿港元，使恒生指数共上扬1 169点，国际投机基金利用在恒指期货市场累积大量空单牟取暴利的企图受到重创，从而保持了港元汇率的稳定和金融市场的秩序。

要求：请通过以上三个案例，扩展讨论衍生品市场通过发挥风险管理、价格发现等基本经济功能，展现出在促进经济金融发展和维护经济金融安全上的战略作用。

第9章 国际金融核心理论

填空题

1. 外汇是以_____表示的_____。
2. 在金本位制下汇率的决定因素是_____,也就是说两种货币的_____之比是决定两种货币汇率的基础。
3. _____和_____共同构成了金本位制下汇率波动的上下限。
4. 在信用制度下,货币的_____对比就成为纸币制度下汇率决定的基础。
5. 根据汇率波动的剧烈和频繁程度可以把汇率制度分为_____和_____。
6. 浮动汇率制度按政府是否进行干预,可分为_____和_____。按浮动的形式,可分为_____和_____。
7. 2005年7月21日19时,中国人民银行发布公告:经国务院批准,我国开始实行_____、_____、_____的浮动汇率制度。
8. 一国的国际收支状况是通过_____来反映的。国际收支平衡表是按照_____的原理编制的。
9. 国际收支平衡表的内容各国依自身经济状况不同而繁简不一,但大多数国家都包括_____、_____和_____。
10. _____亦称往来项目,是本国对外经济交易中经常发生的项目。它包括_____、_____和_____,是国际收支平衡表中最主要和最基本的项目。
11. _____主要是用于记载资本的输出和输入总额,反映以货币表示的债权债务在国际的转移。它一般由_____和_____构成。
12. _____是一个人为设计的平衡项目,用于轧平国际收支平衡表中最终的余额。
13. 对国际收支平衡表的分析,通常可以分为_____和_____。
14. 如何判断一国国际收支是平衡还是不平衡,目前国际上通用的方法是将国际收支平衡表上的各个项目区分为两种不同性质的交易,即_____和_____。
15. 通常判断一国国际收支是否平衡,主要是看_____是否收支平衡。
16. 国际商业银行贷款按期限可分为_____和_____两大类。

17. 按贷款方式,国际商业银行贷款可分为_____、_____和_____。

18. _____成立于1946年3月,是战后国际金融货币体系的核心,是世界经济的三大支柱之一。其资金来源有_____、_____、_____三个方面。

19. _____成立于1946年,是由_____、_____和_____组成的世界银行集团的简称,它也是世界经济的三大支柱之一。

▶ **单项选择题**

1. 广义的外汇泛指一切以外币表示的(　　)。
   A. 金融资产　　B. 外汇资产　　C. 外国货币　　D. 有价证券

2. 在法兰克福市场上,EUR 1 = USD 1.1300 用的是(　　)。
   A. 美元标价法　　　　　　B. 直接标价法
   C. 市场标价法　　　　　　D. 间接标价法

3. 在纽约外汇市场上,EUR 1 = USD 1.1300 用的是(　　)。
   A. 间接标价法　　　　　　B. 市场标价法
   C. 直接标价法　　　　　　D. 美元标价法

4. 在采用直接标价法的前提下,如果需要比原来更少的本币就能兑换一定数量的外国货币,这表明(　　)。
   A. 本币币值上升,外币币值下降,通常称为外汇汇率上升
   B. 本币币值下降,外币币值上升,通常称为外汇汇率上升
   C. 本币币值上升,外币币值下降,通常称为外汇汇率下降
   D. 本币币值下降,外币币值上升,通常称为外汇汇率下降

5. 在直接标价法下,如果一定单位的外国货币折成的本国货币数额增加,则说明(　　)。
   A. 外币币值上升,外币汇率上升　　B. 外币币值下降,外汇汇率下降
   C. 本币币值上升,外汇汇率上升　　D. 本币币值下降,外汇汇率下降

6. 在浮动汇率制度下,如果外汇市场上的外国货币供过于求时,则(　　)。
   A. 外币价格上涨,外汇汇率上升　　B. 外币价格下跌,外汇汇率下降
   C. 外币价格上涨,外汇汇率下降　　D. 外币价格下跌,外汇汇率上升

7. 一国货币升值对其进出口收支产生的影响是(　　)。
   A. 出口增加,进口减少　　B. 出口减少,进口减少
   C. 出口增加,进口增加　　D. 出口减少,进口增加

8. 金本位币制度下,汇率决定的基础是(　　)。
   A. 法定平价　　　　　　B. 铸币平价
   C. 通货膨胀率差　　　　D. 利率差

9. 汇率波动受黄金输送费用的限制,各国国际收支能够自动调节,这种货币制度是( )。
   A. 浮动汇率制   B. 布雷顿森林体系
   C. 国际金本位制   D. 混合本位制
10. 一国货币对另一国货币存在着两个或两个以上的比价称为( )。
    A. 单一汇率   B. 复汇率
    C. 市场汇率   D. 买入汇率
11. 目前,我国人民币实施的汇率制度是( )。
    A. 固定汇率制   B. 弹性汇率制
    C. 钉住汇率制   D. 有管理浮动汇率制
12. 国际收支所反映的内容是( )。
    A. 与国外的现金交易   B. 与国外的金融资产交换
    C. 全部对外经济交易   D. 一个国家的外汇收支
13. 投资收益在国际收支平衡表中应列入( )。
    A. 经常账户   B. 资本账户   C. 金融账户   D. 储备与相关项目
14. 国际收支平衡表中最基本、最重要的项目是( )。
    A. 资本和金融账户   B. 经常项目
    C. 错误与遗漏项目   D. 储备结算项目
15. 国际收支平衡表采用( )方式编制。
    A. 增减记账法 B. 复式簿记   C. 平衡法   D. 以上答案均不对
16. 由于国际市场对本国出口和进口的需求与供给条件发生变化,本国贸易无法迅速调整所导致的国际收支不平衡,称为( )。
    A. 周期性不平衡 B. 货币性不平衡 C. 结构性不平衡 D. 收入性不平衡
17. 由国内通货膨胀或通货紧缩而导致的国际收支不平衡,称为( )。
    A. 周期性失衡   B. 收入性失衡   C. 偶发性失衡   D. 货币性失衡
18. 一国国际收支顺差会使( )。
    A. 外国对该国货币需求增加,该国货币汇率上升
    B. 外国对该国货币需求减少,该国货币汇率下跌
    C. 外国对该国货币需求增加,该国货币汇率下跌
    D. 外国对该国货币需求减少,该国货币汇率上升
19. 若在国际收支平衡表中,储备资产项目为 -100 亿美元,则表示该国( )。
    A. 人为的账面平衡,不说明问题   B. 减少了 100 亿美元的储备
    C. 增加了 100 亿美元的储备   D. 无法判断
20. 国际储备是由一国货币当局持有的各种形式的( )。
    A. 资金   B. 资产   C. 本币   D. 外币
21. 下列不属于官方储备的是( )。
    A. 中央银行持有的黄金储备   B. 中央银行持有的外汇资产

C. 会员国在 IMF 的储备头寸　　　　D. 商业银行持有的外汇资产
22. 当今国际储备资产中比重最大的资产是(　　)。
    A. 黄金储备　　B. 外汇储备　　C. 普通提款权　　D. 特别提款权
23. 当一国货币贬值时,会引起该国的外汇储备(　　)。
    A. 数量减少　　B. 数量增加　　C. 实际价值增加　　D. 实际价值减少
24. 国际储备运营管理的三个基本原则是(　　)。
    A. 安全、流动、盈利　　　　　　B. 安全、固定、保值
    C. 安全、固定、盈利　　　　　　D. 流动、保值、增值
25. 我国出口买方信贷的对象是(　　)。
    A. 我国企业　　B. 外国企业　　C. 进口方银行　　D. 出口方银行
26. 历史上第一个国际货币体系是(　　)。
    A. 国际金汇兑本位制　　　　　　B. 国际金本位制
    C. 布雷顿森林体系　　　　　　　D. 牙买加体系
27. 金本位的特点是黄金可以(　　)。
    A. 自由买卖、自由铸造、自由兑换
    B. 自由铸造、自由兑换、自由输出输入
    C. 自由买卖、自由铸造、自由输出输入
    D. 自由流通、自由兑换、自由输出输入
28. 出口商所在地的银行对出口商提供的信贷是(　　)。
    A. 卖方信贷　　B. 买方信贷　　C. 福费廷　　D. 信用安排限额
29. 由出口商所在地银行贷款给进口商或进口银行的是(　　)。
    A. 卖方信贷　　B. 买方信贷　　C. 福费廷　　D. 信用安排限额
30. 买方信贷和卖方信贷的授信人是(　　)。
    A. 出口商　　B. 进口商　　C. 出口地银行　　D. 进口地银行
31. 关于卖方信贷的直接结果,下面说法正确的是(　　)。
    A. 买方能以低价购买商品　　　　B. 卖方能以高价出售商品
    C. 买方能以现汇支付货款　　　　D. 卖方能以延期付款方式售出设备
32. 关于买方信贷的直接结果,下面说法正确的是(　　)。
    A. 买方能以低价购买商品　　　　B. 卖方能以高价出售商品
    C. 买方能以现汇支付货款　　　　D. 卖方能对买方提供商业信用
33. 福费廷与贴现的最大差别为(　　)。
    A. 银行承担票据拒付的风险
    B. 福费廷多为与出口设备相联系的有关票据
    C. 福费廷业务的票据,必须有第一流银行的担保
    D. 办理福费廷业务比较复杂
34. 下列关于福费廷业务说法正确的是(　　)。
    A. 福费廷业务多在中小企业之间进行

B. 福费廷业务必须由进口商所在地银行对汇票的支付进行保证或开立保函

C. 福费廷业务出口商不须事先与进口商协商

D. 福费廷业务的内容比较综合

35. 卖方信贷与买方信贷形式的新发展是(　　)贷款方式。

　　A. 福费廷　　　　B. 信用安排限额　　　C. 混合信贷　　　　D. 签订"存款协议"

36. 国际上利用较多的是(　　)。

　　A. 卖方信贷　　　B. 买方信贷　　　　　C. 福费廷　　　　　D. 混合信贷

37. 接受买方信贷的进口商不能以其所得的贷款向(　　)支付。

　　A. 发放买方信贷国家的出口商　　　　B. 出口制造商

　　C. 在该国注册的外国出口公司　　　　D. 第三国

38. 进口商不可利用买方信贷进口的是(　　)。

　　A. 单机　　　　　B. 原材料　　　　　　C. 劳务　　　　　　D. 成套设备和有关技术

39. 下列不属于出口卖方信贷的贷款对象的是(　　)。

　　A. 具有法人资格,经国家批准有权经营机电产品出口的出口公司

　　B. 具有法人资格,经国家批准有权经营机电产品出口的进口公司

　　C. 中国进出口银行认可的国外进口商的银行

　　D. 具有法人资格,经国家批准有权经营机电产品出口的生产企业

多项选择题

1. 在直接标价法下,远期汇率等于(　　)。

　　A. 即期汇率加升水额　　　　B. 即期汇率减升水额　　　　C. 即期汇率减贴水额

　　D. 即期汇率加贴水额　　　　E. 即期汇率乘升水额

2. 在间接标价法下,远期汇率等于(　　)。

　　A. 即期汇率加升水额　　　　B. 即期汇率减升水额　　　　C. 即期汇率减贴水额

　　D. 即期汇率加贴水额　　　　E. 即期汇率乘升水额

3. 在其他条件不变的情况下,一国货币汇率下跌将(　　)。

　　A. 有利于该国的出口　　　　　　　　B. 有利于该国增加进口

　　C. 有利于该国增加旅游收入　　　　　D. 有利于该国增加侨汇收入

　　E. 有利于该国减少进口

4. 一国外汇供给主要来自(　　)。

　　A. 本国的商品劳务出口

　　B. 外国对本国的单方面金融资产转移

　　C. 外国居民购买本国的金融资产或对外国进行直接投资

　　D. 本国居民出售所持有的国外资产

　　E. 外国商品劳务进口

5. 英镑与美元之间的铸币平价为4.8665,假定运送1英镑黄金的费用为0.03美元,

此时英镑兑美元的汇率为4.8970,则(　　)。
  A. 黄金会从英国输出　　B. 黄金会向英国输入　　C. 黄金会从美国输出
  D. 黄金会从美国输入　　E. 黄金不会输出输入

6. 根据政府是否干预外汇市场进行分类,可以将浮动汇率划分为(　　)。
  A. 自由浮动　　B. 联合浮动　　C. 管理浮动
  D. 单独浮动　　E. 爬行浮动

7. 能够充当各国政府干预外汇市场的货币有(　　)。
  A. 任何外国货币　　B. 国际上被广泛使用和接受的货币
  C. 可自由兑换的货币　　D. 国际贸易中广泛使用的结算和支付货币
  E. 国际外汇市场主要的交易货币

8. 国际收支平衡表的经常账户包括的项目有(　　)。
  A. 货物　　B. 服务　　C. 收入
  D. 经常转移　　E. 资本转移

9. 一国对外经济活动中记入国际收支平衡表正号项目的有(　　)。
  A. 收入项目　　B. 负债的增加　　C. 资产的增加
  D. 资产的减少　　E. 负债的减少

10. 国际收支平衡表中贷方记录的内容包括(　　)。
  A. 对外资产的减少,对外负债的增加
  B. 对外资产的增加,对外负债的减少
  C. 对外国商品劳务的进口支出
  D. 本国商品劳务的出口收入
  E. 官方储备的减少

11. 国际收支的长期性不平衡包括(　　)。
  A. 临时性不平衡　　B. 结构性不平衡　　C. 货币性不平衡
  D. 周期性不平衡　　E. 季节性不平衡

12. 当一国因贸易收支导致国际收支逆差时,会造成(　　)。
  A. 失业增加　　B. 失业减少　　C. 资金紧张
  D. 资金宽松　　E. 就业和资金没有变化

13. 一般来说,一国国际收支出现顺差会使(　　)。
  A. 货币坚挺　　B. 货币疲软　　C. 物价下跌
  D. 物价上涨　　E. 物价不变

14. 一国的国际收支出现逆差,一般会导致(　　)。
  A. 本币汇率下浮　　B. 通货膨胀加剧　　C. 利率水平下降
  D. 外汇储备减少　　E. 国内失业增加

15. 一国调节国际收支的政策措施有(　　)。
  A. 外汇缓冲政策　　B. 财政政策　　C. 货币政策
  D. 汇率政策　　E. 直接管制

16. 国际收支资本项目包括( )。
    A. 投资收益　　　　　　　B. 直接投资　　　　　　　C. 证券投资
    D. 经常转移　　　　　　　E. 货物与服务
17. 一国货币能充当储备货币,则该货币必须( )。
    A. 是可兑换货币　　　　　B. 为各国所普遍接受　　　C. 价值相对稳定
    D. 与黄金保持固定的比价　E. 与特别提款权保持固定的比价
18. 作为国际储备资产必须具备的三个特征有( )。
    A. 官方持有性　　　　　　B. 自由兑换性　　　　　　C. 盈利性
    D. 流动性　　　　　　　　E. 风险性
19. 可划入一国国际储备的有( )。
    A. 外汇储备　　　　　　　B. 普通提款权　　　　　　C. 特别提款权
    D. 黄金储备　　　　　　　E. 商业银行的国际储备资产
20. 下列关于国际收支平衡表的说法正确的有( )。
    A. 国际收支平衡表是按照现代会计学的复式簿记原理编制的
    B. 借方记录资产的减少和负债的增加
    C. 贷方记录资产的增加和负债的减少
    D. 每笔交易都会产生一定金额的一项借方记录和一项贷方记录
    E. 凡引起本国外汇收入的项目,亦称正号项目,记入贷方,记为"＋"
21. 国际收支平衡表的主要内容有( )。
    A. 经常账户　　　　　　　B. 资本金融账户　　　　　C. 差错与遗漏
    D. 总差额　　　　　　　　E. 储备项目
22. 经常账户包括的项目有( )。
    A. 货物　　　　　　　　　B. 服务　　　　　　　　　C. 收入
    D. 经常转移　　　　　　　E. 储备资产
23. 资本转移主要包括( )。
    A. 战争赔款　　　　　　　　　　　　B. 政府间的无偿经济援助
    C. 政府与国际组织间定期缴纳的费用　D. 债务注销
    E. 可投资捐赠
24. 关于间接标价法,下面说法正确的有( )。
    A. 用 1 个单位或 100 个单位的本国货币作为标准,折算为一定数额的外国货币
    B. 用 1 个单位或 100 个单位的外国货币作为标准,折算为一定数额的本国货币
    C. 在间接标价法下,外国货币的数额固定不变,本国货币数额则随着外国货币或本国货币币值的变化而改变
    D. 在间接标价法下,本国货币的数额固定不变,外国货币的数额则随着本国货币或外国货币币值的变化而改变
    E. 英国和美国都采用间接标价法
25. 经济报刊上所说的外汇汇率上涨,说明( )。

A. 在直接标价法下,说明外币贵了,因而兑换本币比以前多了

B. 在直接标价法下,说明外币贱了,因而兑换本币比以前多了

C. 在直接标价法下,说明外币兑换本币的数量没变

D. 在直接标价法下,说明本币兑换外币的数量比以前少了

E. 在直接标价法下,说明外币兑换本币的数量比以前多了

26. 影响汇率变化的因素主要有( )。

    A. 一国的财政经济状况　　　　　　　B. 一国的国际收支状况

    C. 一国的利息率水平　　　　　　　　D. 一国的汇率、货币政策

    E. 重大的国际政治因素

27. 一国货币汇率下跌,则( )。

    A. 外国货币兑换本国货币的数量增加　　B. 外币的购买力相对提高

    C. 本国商品和劳务相对低廉　　　　　　D. 本币购买力相对降低

    E. 国外商品和劳务价格变得昂贵

28. 一国货币当局不进行干预,完全任由外汇市场供求来决定本国货币的汇率,则为( )。

    A. 自由浮动　　　　　B. 单独浮动　　　　　C. 清洁浮动

    D. 联合浮动　　　　　E. 管理浮动

29. IMF 把目前世界各国的汇率制度划分为( )。

    A. 固定汇率制度　　　B. 浮动汇率制度　　　C. 钉住汇率制度

    D. 有限弹性浮动　　　E. 较大弹性浮动

30. 我国外汇管理法令所称的外汇包括( )。

    A. 外国货币　　　　　B. 外币支付凭证　　　C. 外币有价证券

    D. 特别提款权　　　　E. 其他外汇资产

31. 第二次世界大战以后,在原有信贷形式上出现了( )等出口信贷的新形式。

    A. 卖方信贷　　　　　B. 买方信贷　　　　　C. 混合信贷

    D. 福费廷　　　　　　E. 签订"存款协议"

32. 买方信贷的受信人是( )。

    A. 出口商　　　　　　B. 进口商　　　　　　C. 出口商银行

    D. 进口商银行　　　　E. 第三国银行

33. 下列关于卖方信贷说法正确的有( )。

    A. 以延期付款方式出卖大型机械装备与成套装备,出口商所在地的银行对出口商提供的信贷就是卖方信贷

    B. 在卖方信贷条件下,出口商以延期付款或赊销方式向进口商出售设备

    C. 进口商随同利息分期偿还出口商货款后,根据贷款协议,出口商再用以偿还其从银行取得的借款

    D. 出口商向银行借取卖方信贷,除按出口信贷的利率支付利息外,需支付信贷保险费、承担费、管理费等

E. 出口商向银行借取卖方信贷时支付的费用均附加于出口成套设备的货价中

34. 在买方信贷条件下,进口商银行与出口商所在地的银行签订贷款协议是在(   )。

   A. 贸易合同签订之后   B. 贸易合同签订之前   C. 进口商预付定金前
   D. 进口商预付定金后   E. 进口商发货后

35. 出口商向银行借取卖方信贷后,需向贷款银行支付的费用包括(   )。

   A. 信贷保险费   B. 贷款本金   C. 承担费
   D. 贷款利息   E. 管理费用

36. 福费廷与一般贴现的区别主要表现为(   )。

   A. 出口商借助福费廷及时获得现金,加速资金周转,促进设备的出口
   B. 办理福费廷业务所贴现的票据,不能对出票人行使追索权
   C. 福费廷多为与出口设备相联系的有关票据
   D. 福费廷业务的票据,必须有第一流银行的担保
   E. 办理福费廷业务比较复杂

37. 福费廷业务对出口商的作用表现为(   )。

   A. 及时获得现金   B. 有利于其有价证券的发行
   C. 有利于融通资金   D. 可向银行转嫁风险与费用
   E. 不受汇率变化与债务人情况变化的影响

38. 国际上利用买方信贷大大超过卖方信贷的原因有(   )。

   A. 银行信用本身存在的局限性   B. 银行资金雄厚,提供信贷能力强
   C. 它对进口方直接获得贷款有利   D. 它对出口方直接获得贷款有利
   E. 它对进口商银行有利

39. 买方信贷的贷款原则有(   )。

   A. 接受买方信贷的进口商只能以其所得的贷款向发放买方信贷国家的出口商、出口制造商或在该国注册的外国出口公司进行支付,不能用于第三国
   B. 进口商利用买方信贷限于进口资本货物
   C. 提供买方信贷国家出口的资本货物限于是该国制造的
   D. 还款期限最长的为 10 年
   E. 贷款分期偿还

40. 买方信贷的贷款条件有(   )。

   A. 买方信贷使用的货币   B. 申请买方信贷的起点
   C. 买方信贷的利率与利息计算方法   D. 信贷费用及用款手续
   E. 使用期限与还款期限

▼ 判 断 题

1. 只有外国货币才是外汇资产。(   )

2. 直接标价法是以一定单位的外国货币作为标准,折算成一定数量的本国货币的标价方法。(　　)

3. 在直接标价法下,本国货币的数额保持固定不变,外国货币的数额随着本国货币或外国货币币值的变化而变动。(　　)

4. 汇率从根本上讲是各种货币价值的体现。(　　)

5. 货币的购买力对比就成为金本位制度下汇率决定的基础。(　　)

6. 当一国处于国际收支顺差或贸易顺差时,则外汇支出大于供给,同时外国对本国货币需求增加,会造成本币对外贬值,外汇汇率下跌。(　　)

7. 当一国提高利率水平或本国利率高于外国利率时,会引起资本流入该国,由此对本国货币需求增大,使本币升值,外汇贬值。(　　)

8. 一国通货膨胀率提高,货币购买力下降,纸币对内贬值,其对外汇率下跌。(　　)

9. 一国货币对外升值后,有利于本国商品的出口,而一国货币对外贬值后,则有利于外国商品的进口。(　　)

10. 世界银行的资金来源有成员国认缴的基金份额、成员国借款、出售黄金的收入三个方面。(　　)

11. 资本管制严的国家,汇率变动对资本流动影响较小,资本管制松的国家,汇率变动对资本流动影响较大。(　　)

12. 固定汇率制就是汇率固定不变。(　　)

13. 我国现行的人民币汇率是钉住美元浮动。(　　)

14. 国际收支平衡表是按照复式簿记的原理编制的。一切收入或负债增加、资产减少记入借方,一切支出或资产增加、负债减少记入贷方。(　　)

15. 经常项目亦称往来项目,是本国对外经济交易经常发生的项目。它包括贸易收支、劳务收支和转移收支,是国际收支平衡表中最主要和最基本的项目。(　　)

16. 一个国家的国际收支出现顺差或逆差时,可以通过增减其官方储备资产来求得平衡。(　　)

17. 调节性交易的收入与支出相等即被视为国际收支平衡,收入大于支出为顺差,支出大于收入为逆差。(　　)

18. 卖方信贷是指在大型机械装备与成套设备贸易中,为便于出口商以延期付款方式出卖设备,进口方银行向进口商提供的中长期信贷。(　　)

19. 福费廷等同于票据贴现业务。(　　)

▼ 名词解释

外汇　　汇率　　直接标价法　　间接标价法　　汇率制度　　国际收支
官方储备　　自主性交易　　调节性交易　　外汇缓冲政策　　国际信贷
出口信贷　　卖方信贷　　买方信贷　　福费廷　　国际商业银行贷款
国际金融机构贷款　　政府贷款

简答题

1. 简述外汇的含义。
2. 简述直接标价法与间接标价法的区别。
3. 简述金本位制下汇率的决定基础及变动。
4. 影响汇率变动的主要因素有哪些?
5. 简述国际收支对汇率的影响。
6. 简述利率对汇率的影响。
7. 简述通货膨胀对汇率的影响。
8. 简述汇率变化对贸易收支的影响。
9. 简述汇率变化对资本流动的影响。
10. 简述汇率变化对微观经济活动的影响。
11. 简述现行人民币汇率制度。
12. 简述国际收支平衡表的编制原理及记账方法。
13. 简述国际收支平衡表的构成。
14. 如何判断一国国际收支平衡与否?
15. 简述国际收支失衡的主要原因。
16. 调节国际收支失衡的方法有哪些?
17. 简述出口信贷及其特点。
18. 简述发放卖方信贷的具体业务程序。
19. 福费廷出口信贷业务的具体程序与做法是什么?
20. 简述福费廷与贴现的区别。
21. 简述国际商业银行贷款的特征。
22. 简述政府贷款的特点。

案例分析题

案例1:人民币单日升值100个基点　再度启动加速升值步伐

4月3日,中国外汇交易中心公布的美元对人民币汇率中间价为1:7.0192,单日升值100个基点。虽不是"新高",但这一数字结束了人民币汇率几日来的盘桓,再度启动加速升值步伐。

美国财长保尔森目前正在中国访问,除拜会中国新任官员,更为今年6月在华盛顿举行的第四次中美战略经济对话(SED)作准备。市场此前猜测,人民币汇率将在保尔森来华期间出现"来访行情"。依过往经验,保尔森数次访华期间,人民币均加速升值并创下历史新高。

刚刚过去的3月份里,美元对人民币汇率在21个交易日内最高升值928个基点,累计升值幅度超过了 1.3%,接近于汇改以来人民币单月最快升值速度。

自汇改以来,人民币累计升值幅度已达到了 13.5%。

资料来源:中国新闻网,2008 - 04 - 03.

要求:分析汇改以来人民币升值的主要原因。

案例 2:人民币变速跑:未来汇率走势有变数　存下调可能

4 月 2 日,美国财长保尔森访华首日,人民币汇率跌 74 个基点,中间价报收 7.0292。屡试不爽的财长效应这次失灵了。以前,他每次造访中国都会引来人民币的加速升值。

此间专家认为,虽然短期来看人民币升值破 7 只是时间问题,但是下半年是否依然保持一季度的升值幅度值得关注,人民币单边持续升值的势头也许会在未来有所改变。

升值压力

去年以来,人民币升值开始加速,去年累计升值约 6.5%,对此,高盛、中金等投行研究部门预计,今年的升值幅度将会更大。去年年底,不少投行分析师给出了 2008 年升值 10% 甚至更高的预计。

从今年前三个月的态势看,确乎印证了升值加速的判断。年初迄今,人民币对美元升值幅度已超过 4%。以"6"打头的人民币汇率似乎指日可待。

但随着升值的加速,加速升值抑制通胀的说法,在短期内的效果开始受到质疑。在升值加速的情况下,2 月份中国的 CPI 依然攀上了 8.7% 的高峰。更多的学者开始反思,中国的通胀是输入型的还是完全的内部供需造成的。如果是输入型的,汇率政策的效用又有多大?

中金公司首席经济学家哈继铭研究发现,国际大宗商品和农产品价格对中国消费价格的影响较人民币汇率大得多。这表明全球性商品价格上涨是拉动中国消费价格上扬的关键所在。他认为,中国的通胀大部分是输入型的。

哈继铭对中国汇率传导效应的研究结果显示,人民币升值长期来看有利于抑制通货膨胀,但是短期作用较小。如果人民币名义有效汇率升值 5% ~ 10%,CPI 在半年后仅减少 0.2% ~ 0.4%。汇率升值对 CPI 短期效用有限,但对境外资本流入的压力却在迅速膨胀。哈继铭认为:"人民币汇率缺乏弹性,成为货币政策的最大桎梏,造成持续多年的货币扩张和流动性过剩。"而这进一步加剧了通胀。

花旗银行中国区首席经济学家沈明高认为,人民币升值加快以及加息的诱惑,使得更多货币流向中国等新兴市场。如果说随着时间变化,FDI 流入还是很多,那会加剧流动性过剩,这样会导致通胀压力增大,资产价格也可能继续上涨。

此外,人民币快速升值对于出口的抑制作用开始显现。在美国内需减少、人民币升值等综合因素下,1、2 月份,贸易顺差下降明显,分别为 195 亿美元和 86 亿美元,比去年同期下降了约 10%。

而目前净出口对于 GDP 的拉动作用约为 40%。中国社科院世界经济与政治研究所所长助理何帆认为,如果出口放缓,将对中国的经济增长和就业产生严重影响。

根据当前的状况分析,国务院发展研究中心对外经济研究部副部长赵晋平认为,今年的贸易顺差很可能会减少,有可能回落到2 000亿美元。

下调的可能

综合平衡后,尽管目前升值仍不失为抑制通胀的选用手段,但是内外部的诸多不确定性,使未来的汇率走势多了许多变数,并存在下调的可能。

何帆说:"美元走势可能会在三季度后出现一个拐点,能否出现,主要取决于次贷后美国经济是否衰退以及衰退的程度。"

他认为,如果美国经济衰退,美元继续贬值,将成为"人民币加速升值的主要推手"。反之,人民币的升值则可能放缓。

中国银行全球金融市场部研究员谭雅玲也认为:"中国的汇率很可能在三季度出现拐点。"她认为,无论国际国内因素,都存在这种可能。

从国际因素而言,一是由美元的周期性决定的,今年1、2月份以来,美元继续保持贬值态势,但这个周期很可能在三季度结束;二是从美国国内来看,美国货币政策的取向很可能从降息转为升息;三是美国总统选举之际,为了政治需要美国会着力保持经济的稳定向上,这也会对汇率产生影响。

从国内来说,人民币单边快速上扬的态势也是不可能长期持续的。谭雅玲说:"任何一个市场都是有规律的,单边的上和下是不可持续的,因此,人民币的快速升值是不可持续的。"她认为,人民币升值是跟美元相对应的,美元走势的变动必然带来人民币汇率的调整。同时,奥运效应过后,汇率也有回调压力,而中国经济未来形势的不明朗,以及经济稳定增长和抑制通胀矛盾的加大,都会影响到人民币升值的步伐。

除了这些国内外的因素外,赵晋平认为,汇率调整必须考虑到实体经济的承受能力及对经济的影响,要相机抉择。"从升值幅度看,很可能前高后低。"

美国银行大中华区经济研究与策略主管汪涛也认为,一旦通胀压力使得出口明显放缓或减弱,人民币对美元汇率的升值幅度可能降低。

目前,汇率的升值加上出口退税政策的大幅调整,已经给出口企业造成了不小的压力。以出口主角——纺织业为例,纺织工业协会的统计显示,2007年前三季度,超过2/3的企业低于全行业的平均利润率,这些企业的平均利润率只有0.61%,总亏损额接近100亿元。

如果这样的情况下汇率再继续升值10%,后果可想而知。

资料来源:《经济观察报》,2008 - 04 - 06.

要求:

1. 说明人民币升值对中国经济的影响。
2. 说明如何缓解人民币升值给经济带来的冲击。

案例3:2010年上半年中国国际收支报告

1. 国际收支概况

2010年上半年,全球经济持续复苏,但基础尚不稳固,国际金融市场出现较大波动。我国经济总体保持良好的运行态势,继续朝着宏观调控的预期目标发展。

2010年上半年,我国国际收支活动趋于活跃,国际收支交易总规模超过2009年上半年,并接近国际金融危机集中爆发前的2008年的同期水平。国际收支状况有所改善,经常项目顺差与同期GDP之比为5.0%,较2009年全年水平下降1.0个百分点,二季度外汇储备增长较一季度放慢。同时,上半年我国国际收支运行出现一定波动,一季度货物贸易进口增速明显快于出口增速,经常项目顺差同比下降,资本和金融项目呈现较大顺差;二季度经常项目顺差有所回升并超过一季度,但欧洲主权债务危机使得我国资本和金融项目下资金净流入放缓。

2010年下半年,全球经济可能呈现缓慢复苏态势,我国经济将继续平稳增长,国际收支仍将保持较大顺差态势,货物贸易进出口持续顺差,外国来华直接投资大量流入,跨境资金套利活动依然存在。但由于国内外宏观环境的不稳定因素较多,可能通过外贸、外资、金融等传导渠道,加大我国国际收支运行的波动性。

下一阶段,外汇管理工作将按照国家宏观调控的统一部署,进一步转变管理理念和方式,加快推进重点领域和关键环节的改革,提升外汇管理便利服务和有效监管的水平,以进出口核销改革为重点继续推动贸易便利化,有序推进资本项目管理改革,继续保持对"热钱"流动的高压打击态势,积极推动外汇市场发展,加强外汇储备经营管理。

2. 国际收支的主要特点

2010年上半年,我国国际收支总顺差2 165亿美元,较上年同期增长11%。其中,经常项目顺差1 265亿美元,同比下降6%,上年同期为下降30%;资本和金融项目顺差900亿美元,同比增长48%,上年同期为下降15%。各主要项目情况如下:

(1)货物贸易进出口持续回升

2010年上半年,全球经济基本处于复苏进程中,国内经济增速相对较快,我国货物贸易进出口进一步恢复。按国际收支统计口径,上半年货物贸易出口7 063亿美元,进口6 166亿美元,分别较上年同期增长36%和53%。由于进口增速明显快于出口增速,货物贸易总体趋于平衡,上半年顺差897亿美元,同比下降25%。

(2)服务贸易逆差有所收窄

2010年上半年,服务贸易收入775亿美元,较上年同期增长41%,支出892亿美元,同比增长25%,逆差117亿美元,同比下降30%。上半年服务贸易逆差缩小,主要是由于其他商业服务由2009年同期的逆差13亿美元转为顺差75亿美元,运输、保险、专有权利使用费和特许费、旅游仍是主要的服务贸易逆差项目。

(3)收益项目净流入上升较快

2010年上半年,收益项目顺差291亿美元,较上年同期增长72%。其中,投资收益顺差240亿美元,同比增长68%;职工报酬顺差51亿美元,同比增长91%。随着国际投资环境的逐步改善和对外资产规模的不断扩大,上半年我国投资收益流入544亿美元,同比增长25%。同时,我国海外务工人员的劳务收入继续增加,上半年职工报酬收入58亿美元,同比增长53%。

(4)直接投资顺差成倍增长

2010年上半年,直接投资顺差370亿美元,较上年同期增长1.4倍。我国经济发展良好,继续吸引外资大量流入,上半年外国来华直接投资净流入564亿美元,同比增长

95%。我国对外直接投资呈现上升势头,上半年直接投资净流出194亿美元,同比增长46%。

(5) 证券投资呈现净流出

2010年上半年,证券投资项目下净流出73亿美元,上年同期为净流入202亿美元。其中,我国对外证券投资净流出72亿美元,上年同期净流入为77亿美元;境外对我国证券投资净流出0.5亿美元,上年同期净流入为125亿美元。

(6) 储备资产平稳增长

2010年上半年,剔除汇率、价格等非交易价值变动的影响,我国新增国际储备资产1 780亿美元,按可比口径较上年同期增长8%。其中,外汇储备交易变动1 770亿美元,在基金组织的储备头寸和特别提款权增加10亿美元。

资料来源:http://finance.stockstar.com/SS2010101230431756.shtml。

要求:

1. 对我国国际收支状况作出评价。
2. 分析现在的国际收支状况给中国经济带来哪些影响。

案例4:出口卖方信贷

1980年,中国银行开办了出口卖方信贷业务,积极支持我国大型成套设备和船舶等资本性商品出口。由于此种贷款使用的是人民币,贷款的期限较长,当时也称之为中长期人民币贷款。1980年10月,中国银行公布了第一个出口卖方信贷办法,即《中国银行机械设备出口中长期贷款试行办法》。1991年,根据国家关于进一步扩大机电产品出口的要求,中国银行修订颁布了新的出口卖方信贷办法,即《中国银行机电产品出口卖方信贷办法》。新的办法在贷款条件上更加优惠,贷款范围和期限上更加灵活,为扩大机电产品出口创造了良好的融资环境。多年来,中国银行对外贸、工贸企业使用机电产品出口卖方信贷,一直实行优惠利率和信贷倾斜政策,对支持我国船舶和大型成套设备出口起到了积极的推进作用。

2006年6月19日,中国进出口银行与刚果财务部在刚果总统府签署了《关于新舟60项目的优惠贷款协议》。这是我国航空产品出口享受政府优惠贷款支持的第一例,也是中国航空技术进出口总公司(简称中航技)第一次利用政府优惠贷款。它标志着中航技在航空产品出口融资上继卖方信贷、买方信贷等方式之后,又一种新方式的成功运作。它为中航技继续利用国家政策,促进航空产品出口规模的扩大、商业风险和收汇及汇率风险的降低提供了成功的经验。2006年8月23日,中航技又在塞舌尔国际机场举行了Y-12E型飞机的飞行表演,力图打进塞舌尔这样的岛国民机市场。

就中国企业而言,出口信贷,包括买方信贷("买贷")、卖方信贷("卖贷")、优惠买方信贷和对外优惠贷款("优贷"),是中国进出口银行、国有商业银行、国家开发银行等为支持中国机电设备出口和对外承包工程项目开办的信贷业务。目前,中国政府主导的、以中国进出口银行为贷款行的借贷国主要是安哥拉、苏丹、赤道几内亚、尼日利亚等非洲产油国。亚洲的部分国家,如上海合作组织框架下的中亚,东盟十国中的印度尼西亚、菲律宾、柬埔寨、缅甸等国家。以中国这些银行的贷款为契机,中国企业获得了大量的海外工程承包项目,为企业的跨越式发展提供了良好机遇。

要求:分析卖方信贷对中国企业带来哪些影响。

案例 5:出口福费廷

某客户收到一单出口业务,开证银行为孟加拉汇丰银行,信用证类别为 90 天远期信用证,单据金额为 10 000 美元并已经开证银行承兑,该客户申请融资的日期为 2012 年 5 月 24 日,该信用证承兑付款日为 2012 年 8 月 17 日。

该客户为中小企业客户,融资方式受到较多限制,民生银行合理安排出口福费廷授信额度,在扣除对方银行预扣费、民生银行手续费后,客户顺利获得了 9 500 多美元的融资金额。

问题:如果 2012 年 8 月 17 日民生银行没有收到开证行的付款,是否可以向客户追索? 请分析说明。

第10章 金融监管

▼ 填 空 题

1. 金融监管是_____和_____的简称,是指金融监管机构依法利用公权力对_____和_____进行直接限制和约束的一系列行为的总称。
2. 一般而言,要全面认识金融监管的必要性,必须从_____和_____两个方面去把握。
3. 就金融业的稳定性对国民经济的影响而言,现代经济发展对金融的依赖,使得_____成为国民经济健康发展的必要条件。
4. 金融监管最早是对_____的监管。
5. 金融监管的目的最初主要是控制商业银行的_____,并且最终由中央银行垄断了_____。
6. 金融监管的终极目的是通过金融监管,实现金融业的_____、_____、_____,促进国民经济的持续、健康、稳定、协调发展。
7. _____、_____、_____,是要求监管必须制定公平的监管标准,监管执法必须公正,一视同仁,监管标准及监管执法要依法公开进行。
8. 金融监管是一个现代_____概念和现代_____概念。
9. 改革开放后很长一段时期,我国的金融监管职能都是由_____统一行使的。
10. 1992年设立了国务院证券委员会及其执行机构——_____。
11. 2003年4月26日,_____成立,原中国人民银行承担的审批、监督管理银行、金融资产管理公司、信托投资公司及其他存款类金融机构等的职责及相关职责由_____履行。
12. 我国已基本形成由_____、_____、_____和_____几大监管机构各司其职,相互协调,对金融、证券和保险实行分业监管的体制。
13. 监管范围,首先是指被监管对象的_____,其次是指被监管对象哪些方面的活动应该受到监管,即_____。
14. 银监会应自收到建议之日起_____内予以回复。
15. 中国人民银行根据需要,有权要求银行业金融机构报送_____、_____以及其他财务会计、统计报表和资料。

16. _____根据授权，统一监督管理银行、金融资产管理公司、信托投资公司及其他存款类金融机构，维护银行业的合法、稳健运行。

17. 根据《证券法》和国务院有关法规性文件的规定，_____作为国务院证券监督管理机构，依法对全国证券市场实行集中统一监督管理。

18. 根据《保险法》和国务院有关法规性文件的规定，_____是全国商业保险的主管部门，为国务院直属事业单位，根据国务院授权履行行政管理职能，依照法律、法规统一监督管理保险市场。

19. 我国现行金融分业监管体制的发展前景是向_____过渡。

20. 1975 年 2 月设立了第一个国际性常设银行监管机构"_____"，又称"_____"。其秘书处设在_____。

21. _____是巴塞尔委员会颁布的有关银行统一监督方面的一系列文件的总称，包括_____、_____、_____、_____和_____五个文件。

22. 巴塞尔委员会建立了国际银行的_____衡量框架；具体阐述了各成员国银行监管当局实施的最低资本标准，提出了_____的最低资本充足标准。

23. 巴塞尔委员会于2001 年 1 月颁布新资本协议框架，在过去的基础上以_____、_____和_____三方面共同制约机制为新思路而提出衡量资本充足率的方案。

▶ 单项选择题

1. 金融机构的财务状况在利率出现不利的波动时面临的风险是(　　)。
   A. 利率风险　　　　B. 汇率风险　　　　C. 政策风险　　　　D. 信用风险

2. 由于金融产品的市场价格(如证券价格、金融衍生产品价格)的变动，而使金融机构面临损失的风险是(　　)。
   A. 利率风险　　　　B. 汇率风险　　　　C. 市场风险　　　　D. 价格风险

3. 世界上最早正式建立存款保险制度的国家是(　　)。
   A. 英国　　　　　　B. 德国　　　　　　C. 美国　　　　　　D. 法国

4. 下列说法正确的是(　　)。
   A. 只要符合条件就可以设立银行
   B. 我国商业银行可以从事信托投资和股票业务
   C. 银行不得向关系人发放信用贷款
   D. 商业银行资本充足率不得低于4%

5. 对金融机构最严厉的行政制裁措施是(　　)。
   A. 罚款　　　　　　　　　　　　　　　B. 撤换高级管理人员
   C. 发出停业整顿命令　　　　　　　　　D. 吊销营业执照

6. 金融监管机构按大类可分为证券、保险、(　　)监管机构。
   A. 信托　　　　　　B. 银行　　　　　　C. 金融　　　　　　D. 基金

7. 公共利益监管理论假设监管服务于( )。
   A. 社会公众利益　　B. 消费者利益　　C. 集团利益　　D. 被监管者利益
8. 《美国金融服务现代化法》实施于( )年。
   A. 1998　　B. 1999　　C. 2000　　D. 1997
9. 依法监管原则指( )。
   A. 金融监管必须依法而行　　　　　　B. 金融机构必须依法经营
   C. 金融运行必须依法管理　　　　　　D. 金融调控必须依法操作
10. 商业银行设立必须达到法定最低资本额的目的是( )。
    A. 保护存款人利益
    B. 保障商业银行利益与维护银行体系稳定
    C. 维护银行体系稳定
    D. 保护存款人利益与维护银行体系稳定
11. 存款保险标的范围一般包括( )。
    A. 本国货币存款与外币存款
    B. 大额定期可转让存单存款与本国货币存款
    C. 银行间同业存款与外币存款
    D. 本国货币存款与银行间同业存款
12. 证券市场监管模式的集中立法管理以( )为典型。
    A. 中国　　B. 美国　　C. 英国　　D. 德国
13. 中国证监会是国务院( )。
    A. 直属事业单位　　　　　　　　　　B. 所属企业单位
    C. 直属经营单位　　　　　　　　　　D. 所属信息单位
14. 偿付能力是指( )。
    A. 保险公司的偿还能力　　　　　　　B. 保险公司偿还到期债务的能力
    C. 保险公司最低偿付能力　　　　　　D. 保险公司实际偿付能力
15. 国外保险监管机构的设置分为直属政府的保险监管机构与( )两种情况。
    A. 政府保险机构　　　　　　　　　　B. 商业保险机构
    C. 政府直属机构下设的保险监管机构　　D. 跨国的保险监管机构

多项选择题

1. 金融机构在经营活动中常见的风险有( )。
   A. 信用风险　　B. 流动性风险　　C. 利率风险
   D. 汇率风险　　E. 市场风险
2. 我国现行的金融监管主体有三家,它们是( )。
   A. 财政部　　B. 中国人民银行　　C. 中国银监会

D. 中国证监会　　　　　　E. 中国保监会

3. 我国设立商业银行的条件包括(　　)。
    A. 有符合商业银行法和公司法规定的章程
    B. 有符合商业银行法规定的注册资本最低限额
    C. 有具备任职专业知识和业务工作经验的高级管理人员
    D. 有健全的组织机构和管理制度
    E. 有符合要求的营业场所、安全防范措施和与业务有关的其他设施

4. 一家银行出现清偿能力危机时,紧急救援的方式有(　　)。
    A. 提供贷款以解决支付能力问题　　B. 兼并　　　　　C. 担保
    D. 关闭　　　　　　　　　　　　　E. 接管

5. 下列属于银行监管预防性管理的有(　　)。
    A. 市场准入管理　　　B. 资本充足性管理　　　C. 流动性管理
    D. 业务范围管理　　　E. 自律性管理

6. 下列说法正确的有(　　)。
    A. 新设立金融机构必须经有关主管当局审批
    B. 我国目前对金融机构实行分业经营分业管理政策
    C. 商业银行资本充足率不得低于8%
    D. 商业银行贷款应当与借款人订立书面合同
    E. 商业银行对关系人发放担保贷款的条件可以优于其他借款人

7. 保险监管方式通常有(　　)。
    A. 公示方式　　　　B. 公开方式　　　　C. 规范方式
    D. 实体方式　　　　E. 市场方式

8. 保险公司偿付能力的影响因素主要有(　　)。
    A. 宏观经济环境　　　B. 监管法规　　　　C. 自然环境
    D. 保险公司自身经营发展战略　　　　　　E. 利率水平

9. 西方国家证券市场监管的内容涉及(　　)。
    A. 证券市场监管模式　　B. 证券法中的核心原则　　C. 证券发行管理
    D. 证券交易管理　　　　E. 证券信息规模

10. 注册制适用于(　　)的国家和地区。
    A. 证券市场成熟　　　B. 投资者素质较高　　　C. 证券市场尚未成熟
    D. 投资盛行　　　　　E. 证券品种较少

11. 各国证券市场管理体制的模式一般有(　　)。
    A. 集中立法管理型　　B. 自律管理型　　　　C. 分级管理型
    D. 政府干预型　　　　E. 市场调节型

12. 存款保险制度的具体目的有(　　)。
    A. 单一目的　　　　　B. 双重目的　　　　　C. 安全目的

D. 稳定目的　　　　　　　　E. 效率目的
13. 商业银行业务营运监管包括(　　)。
   A. 资本充足条件监管　　　　　B. 商业银行清偿能力管理
   C. 商业银行贷款集中程度管理　D. 商业银行信息披露管理
   E. 商业银行资产业务管理
14. 金融监管的原则主要有(　　)。
   A. 依法监管原则　　B. 适度竞争原则　　C. 自我约束原则
   D. 综合性管理原则　E. 社会经济效益原则
15.《巴塞尔协议》将银行资本划分为(　　)两档。
   A. 核心资本　　　　B. 公开准备金　　　C. 附属资本
   D. 未公开的准备金　E. 资产重估准备金
16. 监管辩证论从动态角度解释了监管过程中(　　)相互作用的机制。
   A. 政治力量　　　　B. 利益集团　　　　C. 经济力量
   D. 金融机构　　　　E. 被监管者
17. 风险投资的特点包括(　　)。
   A. 投资方向主要集中于高科技领域　　B. 是高风险、高收益的投资
   C. 是长期投资　　　　　　　　　　　D. 是借贷资本
   E. 是权益投资

判 断 题

1. 各国金融监管机构都要干涉金融机构内部事务从而进行管理。(　　)
2. 通过金融监管,可使金融机构的经营活动与中央银行的货币政策目标保持一致。(　　)
3. 金融业是一个负债度高、负债面宽的行业。(　　)
4. 金融业具有信息完备与信息对称同时存在的特点。(　　)
5. 各金融机构的经营不会与中央银行的货币政策产生矛盾。(　　)
6. 在金融业影响越来越大的今天,加强对金融业的监管是经济发展的必然要求。(　　)
7. 金融监管最早应该是对保险的监管。(　　)
8. 金融监管程序可以由监管部门自行商定。(　　)
9. 金融监管是一个现代金融概念和现代法治概念,它是与银行业同时产生的。(　　)
10. 从1933年金融监管的正式产生到现在,主要经历了从混业经营、混业监管到分业经营和分业监管的演变。(　　)

11. 发达资本主义国家的金融监管都是相同的。（　）
12. 英格兰银行是英国的金融监管机构,行使金融监管职能。（　）
13. 中国人民银行依法监测金融市场的运行情况,对金融市场实施宏观调控,促进其发展。（　）
14. 中国银监会负责审批银行业金融机构及其分支机构的设立、变更、终止及其业务范围。（　）
15. 银监会负责上市公司的进入审查。（　）
16. 我国现行金融分业监管体制的发展前景是向混业监管体制过渡。（　）
17. 2010年11月在韩国召开的二十国集团(G20)峰会表决通过了《巴塞尔协议Ⅲ》,要求银行必须把最低核心一级资本比率提高到10%。（　）
18. 目前对金融风险的有效防范,仅仅局限于某一国家或地区。（　）
19. 当前,世界金融监管重心开始出现战略性转移趋势,即金融监管从传统的合规性管制向全面有效的风险监管转变。（　）
20. 我国从2001年开始,养老保险基金也可以无条件地进入证券市场。（　）

名词解释

金融监管　　监管范围　　中国证监会　　中国保监会　　巴塞尔协议

简答题

1. 简述金融监管及其必要性。
2. 简述金融监管的目的。
3. 简述金融监管的原则。
4. 简述我国金融分业监管的现状。
5. 分析世界金融监管的发展趋势。
6. 简述中国证监会的监管范围。
7. 简述中国保监会的监管范围。
8. 试对我国现行金融分业监管体制作出评价。
9. 试分析我国现行金融分业监管体制的发展前景。
10. 巴塞尔协议的全部文件包括哪些方面的内容？

案例分析题

案例:中国银监会

2003年4月28日,中国银行业监督管理委员会正式挂牌。这是党中央、国务院为加强银行业安全、稳健、高效运行,提高防范和化解金融风险能力而采取的一项重大改革措施。近年来,我国银行业监管体制改革和创新取得了重要进展,银行业监管工作不断加强并取得明显成效,银行业监管机构组织框架基本建立,银行业监管理念、方式和手段发生了明显变化,银行业监管法规体系进一步完善,监管协调与合作得到明显加强。

要求:试述中国银监会的监管范围和职责。

综合模拟试题（一）

一、名词解释(15分)

格雷欣法则　　银行信用　　商业银行　　需求拉上学说　　货币政策

二、填空题(21分)

1. 金融监管的终极目的是要通过金融监管，实现金融业的_____、_____、_____，促进国民经济的持续、健康、稳定、协调发展。
2. 具有_____和_____职能统一的特殊商品就是货币。
3. 债券按发行主体的不同，可分为_____、_____和金融债券。
4. 1994年，本着政策性金融和商业性金融相分离的原则，我国设立了三家政策性银行，即_____、_____和_____。
5. 商业银行业务经营的三性原则是指_____、_____、_____。
6. 一个典型的信托行为主要涉及三方关系人，即_____、_____和_____。
7. 成立于_____的_____，是现代中央银行的鼻祖，它是中央银行发展史上的一个重要里程碑。
8. 2005年7月21日19时，中国人民银行发布公告：经国务院批准，我国开始实行_____、_____、_____的浮动汇率制度。

三、单项选择题(10分)

1. 金银铸币按照法定比价流通是(　　)。
   A. 金汇兑本位制　　B. 金块本位制　　C. 双本位制　　D. 平行本位制
2. 信用是(　　)。
   A. 买卖行为　　　　　　　　　　　　B. 赠与行为
   C. 救济行为　　　　　　　　　　　　D. 各种借贷关系的总和

3. 下列关于专业银行的描述,错误的是( )。
   A. 以短期融资为主   B. 主要依靠发行债券来筹集营运资金
   C. 资金的使用有特定的行业、用途   D. 一般不经营活期存款业务
4. 金融机构之间发生的短期临时性融资活动叫( )。
   A. 贷款业务   B. 票据业务   C. 同业拆借   D. 再贴现业务
5. 以营利为目的,按照商业经营原则经营的保险是( )。
   A. 商业保险   B. 人身保险   C. 财产保险   D. 责任保险
6. 下列说法明显错误的是( )。
   A. 物价的持续下降意味着实际利率上升,投资项目的吸引力下降
   B. 物价的持续下降意味着购买力不断提高,从而消费者会增加消费,减少储蓄
   C. 通货紧缩可引发银行业危机
   D. 通货紧缩制约了货币政策实施
7. 在纽约外汇市场上,EUR 1 = USD 1.1300 用的是( )。
   A. 间接标价法   B. 市场标价法   C. 直接标价法   D. 美元标价法
8. 世界上最早正式建立存款保险制度的国家是( )。
   A. 英国   B. 德国   C. 美国   D. 法国
9. 下列货币制度中最稳定的是( )。
   A. 银本位制   B. 金银复本位制
   C. 纸币本位制   D. 金汇兑本位制
10. 在整个金融市场和整个利率体系中处于关键地位、起决定作用的利率是( )。
    A. 平均利率   B. 基准利率   C. 市场利率   D. 官定利率

四、多项选择题(20 分)

1. 属于消费信用的有( )。
   A. 出口信贷
   B. 国际金融租赁
   C. 企业向消费者以延期付款的方式销售商品
   D. 银行提供的助学贷款
   E. 银行向消费者提供的住房贷款
2. 属于非银行金融机构的有( )。
   A. 证券公司   B. 保险公司   C. 信托投资公司
   D. 财务公司   E. 信用合作社
3. 商业银行的表外业务包括( )。
   A. 担保   B. 证券投资   C. 承诺
   D. 互换   E. 期权
4. 属于中央银行的直接调控工具的有( )。

A. 利率高限 B. 优惠利率
C. 信用配额 D. 流动性管理

5. 货币供给的主体包括( )。
    A. 中央银行 B. 商业银行
    C. 企业 D. 家庭

6. 下列中央银行行为中,可导致基础货币增加的有( )。
    A. 在公开市场上买进有价证券 B. 降低再贴现利率
    C. 提高法定准备金率 D. 买进外汇

7. 下列关于卖方信贷说法正确的有( )。
    A. 以延期付款方式出卖大型机械装备与成套装备,出口商所在地的银行对出口商提供的信贷就是卖方信贷
    B. 在卖方信贷条件下,出口商以延期付款或赊销方式向进口商出售设备
    C. 进口商随同利息分期偿还出口商货款后,根据贷款协议,出口商再用以偿还其从银行取得的借款
    D. 出口商向银行借取卖方信贷,除按出口信贷的利率支付利息外,并须支付信贷保险费、承担费、管理费等
    E. 出口商向银行借取卖方信贷时支付的费用均附加于出口成套设备的货价中

8. 金融市场的参与者有( )。
    A. 居民个人 B. 商业性金融机构 C. 政府
    D. 企业 E. 中央银行

9. 我国现行的非银行金融机构主要有( )。
    A. 中国人民保险公司 B. 中国国际信托投资公司
    C. 信用合作社 D. 邮政储蓄银行

10. 一家银行出现清偿能力危机时,紧急救援的方式有( )。
    A. 提供贷款以解决支付能力问题 B. 兼并 C. 担保
    D. 关闭 E. 接管

五、判断题(5 分)

1. 与金属货币相比较,现代信用货币不是良好的储藏价值的手段。( )
2. 通货膨胀不是一次性和短暂的物价水平的上涨,而是持续的不可逆转的物价上涨现象。( )
3. 汽车保险不属于财产保险。( )
4. 货币的购买力对比就成为金本位制度下汇率决定的基础。( )
5. 债务人不履行约定义务所带来的风险称为市场风险。( )

六、简答题(25 分)

1. 简述民间信用的积极作用与消极作用。(9 分)
2. 简要分析通货膨胀对经济的影响。(8 分)
3. 简述信用货币制度的特点。(8 分)

七、计算题(4 分)

甲企业向 A 银行申请贷款 10 000 万元,年利率 8%,贷款期限 3 年,到期一次还本付息,分别按单利和复利计算甲企业应支付 A 银行多少利息。

综合模拟试题(二)

一、名词解释(15分)

货币　　"大一统"银行体系　　外汇　　保险公司　　基准利率

二、填空题(21分)

1. 通货膨胀的四种成因是_____、_____、_____、_____。
2. 根据不同组织形式,债券市场可分为_____和_____。
3. 马克思从历史和逻辑的角度,将货币的职能分为五种。其中,在表现和衡量商品价值时,货币执行_____职能;在退出流通时,货币执行_____职能;在世界市场上发挥一般等价物作用时,货币执行_____职能。
4. _____、_____、_____,是要求监管必须制定公平的监管标准,监管执法必须公正,一视同仁,监管标准及监管执法要依法公开。
5. 一国的国际收支状况是通过_____来反映的。国际收支平衡表是按照_____的原理编制的。
6. 货币政策包括三方面的内容:_____、_____、_____。
7. 我国利率市场化改革的次序是:先_____,后_____;先农村,后城镇;先_____,后_____;先大额,后小额。

三、单项选择题(10分)

1. 信用的最基本的特征是(　　)。
   A. 平等的价值交换　　　　　　B. 无条件的价值单方面让渡
   C. 以偿还为条件的价值单方面转移　　D. 无偿的赠与或援助
2. 我国的货币政策目标是(　　)。
   A. 稳定币值　　　　　　　　　B. 经济增长
   C. 充分就业　　　　　　　　　D. 保持货币币值稳定,并以此促进经济增长

3. 如果原始存款为3 000万元,派生存款为6 000万元,那么派生倍数应为(　　)。
   A.2　　　　　B.3　　　　　C.4　　　　　D.5
4. 按资金的偿还期限分,金融市场可分为(　　)。
   A. 一级市场和二级市场　　　　B. 同业拆借市场和长期债券市场
   C. 货币市场和资本市场　　　　D. 股票市场和债券市场
5. 被西方经济学家喻为"更像巨斧而不像小刀"的一般性政策工具是(　　)。
   A. 再贴现政策　　　　　　　　B. 公开市场业务
   C. 存款准备金政策　　　　　　D. 再贷款政策
6. 福费廷与贴现的最大区别为(　　)。
   A. 银行承担票据拒付的风险
   B. 福费廷多为与出口设备相联系的有关票据
   C. 福费廷业务的票据,必须有第一流银行的担保
   D. 办理福费廷业务比较复杂
7. 我国第一家以公有制为主的全国性股份制商业银行是(　　)。
   A. 交通银行　　　　　　　　　B. 中国民生银行
   C. 招商银行　　　　　　　　　D. 中信实业银行
8. 实际利率即名义利率剔除了(　　)。
   A. 平均利润率　　B. 价格变动　　C. 物价变动　　D. 通货膨胀率
9. 某公司以延期付款方式销售给某商场一批商品,则该商场到期偿还欠款时,货币执行(　　)职能。
   A. 支付手段　　B. 流通手段　　C. 购买手段　　D. 贮藏手段
10. 以下属于信用活动的是(　　)。
    A. 财政拨款　　B. 商品买卖　　C. 救济　　　　D. 赊销

四、多项选择题(20分)

1. 货币制度的基本内容有(　　)。
   A. 货币金属　　　　　　　　　B. 货币单位
   C. 货币的铸造、发行、流通程序　D. 金准备制度
2. 信用是有条件的借贷行为,其条件有(　　)。
   A. 到期偿还　　　B. 支付利息　　　C. 出具担保
   D. 信用委托　　　E. 本金与利息一次性支付
3. 货币发挥支付手段的职能表现在(　　)上。
   A. 税款缴纳　　　B. 贷款发放　　　C. 工资发放
   D. 商品赊销　　　E. 赔款支付

4. 政策性银行一般具有的基本特征包括( )。
   A. 行为目标的非营利性　　　　　B. 业务领域的专业性
   C. 信用创造的差别性　　　　　　D. 组织方式上的政府控制性
5. 下列属于银行监管预防性管理的有( )。
   A. 市场准入管理　　　B. 资本充足性管理　　　C. 流动性管理
   D. 业务范围管理　　　E. 自律性管理
6. 决定与影响利率水平的因素有( )。
   A. 利润的平均水平　　　B. 资金的供求状况　　　C. 物价变动的幅度
   D. 国际利率水平　　　　E. 政策性因素
7. 下列关于信用合作社的表述,正确的有( )。
   A. 由个人集资联合组成,以互助为主要宗旨的合作金融组织
   B. 成员之间一般具有共同联系的基础,如同属于某一社会团体、同为某一公司雇员、居住在同一地区
   C. 入社与退社自愿
   D. 属于银行金融机构
8. 保险的职能包括( )。
   A. 经济补偿职能　　　　　　　B. 防灾减损职能
   C. 资金运用职能　　　　　　　D. 最大诚信职能
9. 按交易标的物可以把金融市场划分为( )。
   A. 衍生工具市场　　　B. 票据市场　　　C. 证券市场
   D. 黄金市场　　　　　E. 外汇市场
10. 基础货币包括( )。
    A. 通货　　　　　　　　　　　B. 存款货币
    C. 存款准备金　　　　　　　　D. 原始存款

五、判断题(5分)

1. 银行支票是指银行的存款人签发的要求银行从其活期存款账户上支取一定金额给指定人或持票人的凭证。( )
2. 现代商业银行产生的途径之一就是由货币兑换业转化而来。( )
3. 稳定物价即指将物价指数控制在1%。( )
4. 政策性银行的经营以利润最大化为目的。( )
5. 金融监管是一个现代金融概念和现代法治概念,它是与银行业同时产生的。( )

六、简答题(23 分)

1. 如何认识货币的本质?(7 分)
2. 为什么说中央银行是银行的银行?(7 分)
3. 简述金融监管的目标和原则。(9 分)

七、计算题(6 分)

现有一笔为期 5 年、年利率为 6% 的 5 万元贷款,请分别以单利法和复利法计算其利息总额及本利和。

综合模拟试题（三）

一、名词解释(15 分)

表外业务　　成本推进学说　　公开市场业务　　金融期权　　直接标价法

二、填空题(20 分)

1. 通货紧缩的原因一般包括_____、_____、_____。
2. 1979 年 10 月,我国成立中国国际信托投资公司。1981 年 2 月,成立中国投资银行。_____年,中国人民保险公司从中国人民银行中独立出来。
3. 商业银行形成的途径有两条：一是_____性质的早期银行转变成的,二是按_____原则建立的。
4. 租赁公司采取的租赁形式通常有直接租赁、_____、_____和杠杆租赁。
5. 间接信用管制即指中央银行采用的非强制性的影响商业银行信用活动的各种措施总称,包括_____、_____及_____等。
6. 凯恩斯对货币需求理论的突出贡献是关于货币需求动机的分析。他认为,人们持有货币的动机主要有三种,即_____、_____和_____。
7. 比较有影响的黄金市场主要集中在_____、_____、_____和_____等地。
8. 一国的国际收支状况是通过_____来反映的。国际收支平衡表是按照_____的原理编制的。

三、单项选择题(10 分)

1. 通货膨胀的原因在于经济发展过程中社会总需求大于总供给,从而引起一般物价水平持续上涨。该理论是(　　)。

    A. 需求拉上论　　　　　　　　B. 成本推进论

C. 开放型通货膨胀　　　　　　　D. 结构论

2. 在存款总额一定的情况下,法定准备金率越高,商业银行可用于放款的金额( )。

　　A. 不变　　　B. 越多　　　C. 越少　　　D. 不确定

3. 下列存款中,商业银行一般不支付或较少支付利息的是( )。

　　A. 活期存款　　　　　　　　B. 定期存款

　　C. 可转让定期存单　　　　　D. 活期储蓄存款

4. 以营利为目的,按照商业经营原则经营的保险是( )。

　　A. 商业保险　　　　　　　　B. 人身保险

　　C. 财产保险　　　　　　　　D. 责任保险

5. 历史上第一家股份制银行是( ),它的出现标志着现代银行的产生。

　　A. 德意志银行　　　　　　　B. 法兰西银行

　　C. 英格兰银行　　　　　　　D. 日本银行

6. 具有告示效应的政策工具是( )。

　　A. 再贴现政策　　　　　　　B. 公开市场业务

　　C. 存款准备金政策　　　　　D. 再贷款政策

7. 如果货币当局通过提高再贴现率来治理通货膨胀,这种措施应属于( )。

　　A. 紧缩型货币政策　　　　　B. 供给政策

　　C. 紧缩型财政政策　　　　　D. 收入政策

8. 金融衍生工具交易一般只需要支付少量的保证金就可以签约,这是衍生工具的( )特点。

　　A. 跨期性　　　B. 风险性　　　C. 杠杆性　　　D. 投机性

9. 《美国金融服务现代化法》实施于( )年。

　　A. 1998　　　B. 1999　　　C. 2000　　　D. 1997

10. 在法兰克福市场上,EUR 1 = USD 1.1300 用的是( )。

　　A. 美元标价法　　　　　　　B. 直接标价法

　　C. 市场标价法　　　　　　　D. 间接标价法

四、多项选择题(14 分)

1. 商业银行借款负债包括( )。

　　A. 发行金融债券　　　　　　B. 同业拆借

　　C. 吸收存款　　　　　　　　D. 向中央银行借款

　　E. 自有资本

2. 属于商业银行中间业务的有( )。

A. 贴现业务　　　　　B. 结算业务　　　　　C. 代理业务
D. 贷款业务　　　　　E. 咨询业务

3. 我国现行的非银行金融机构主要有(　　)。
   A. 中国人民保险公司　　　　B. 中国国际信托投资公司
   C. 信用合作社　　　　　　　D. 邮政储蓄银行

4. 买方信贷的贷款原则有(　　)。
   A. 接受买方信贷的进口商只能以其所得的贷款向发放买方信贷国家的出口商、出口制造商或在该国注册的外国出口公司进行支付，不能用于第三国
   B. 进口商利用买方信贷限于进口资本货物
   C. 提供买方信贷国家出口的资本货物限于是该国制造的
   D. 还款期限最长的为10年
   E. 贷款分期偿还

5. 货币市场上的交易工具主要有(　　)。
   A. 货币头寸　　　　　B. 长期公债　　　　　C. 公司债
   D. 票据　　　　　　　E. 股票

6. 制约商业银行存款创造的因素有(　　)。
   A. 法定准备金率　　　　B. 现金漏损率
   C. 利率　　　　　　　　D. 资金闲置率

7. 债券与股票的相同点表现为(　　)。
   A. 都是有价证券　　　　B. 都有明确的偿还期
   C. 都是筹资工具　　　　D. 都是所有权的代表

五、判断题(10分)

1. 政府公债的特点是信誉高，安全性好，流动性高。(　　)
2. 2007年我国中央银行连续10次提高法定存款准备金率，目的是增加商业银行可用资金规模，扩大货币供应量。(　　)
3. 从1933年金融监管的正式产生到现在，主要经历了从混业经营、混业监管到分业经营和分业监管的演变。(　　)
4. 当一国提高利率水平或本国利率高于外国利率时，会引起资本流入该国，由此对本国货币需求增大，使本币升值，外汇贬值。(　　)
5. 按风险性从大到小排列，依次是企业债券、金融债券、政府债券。(　　)
6. 信用合作社的资金主要来源于其成员交纳的股金和吸收存款，贷款主要用于解决其成员的资金需要。(　　)
7. 因为任何国家都会存在多种原因的失业，所以充分就业是不可能的。(　　)
8. 信用货币自身没有价值，所以不是财富的组成部分。(　　)

9. 非银行金融机构泛指中央银行、商业银行及其他专业银行以外的金融机构。
(   )
10. 分支行制银行由于能在各分支行之间调动资金,所以能更好地支持地方经济。
(   )

六、简答题(20 分)

1. 简述通货紧缩的治理措施。(6 分)
2. 为什么说中央银行是国家的银行?(7 分)
3. 封闭式基金和开放式基金的区别有哪些?(7 分)

七、计算题(3 分)

假设客户以现金形式存入银行 10 000 万元,中央银行的法定准备金率为 15%,则银行的派生存款应为多少?

八、案例分析题(8 分)

案例:企业间融资

新疆新闻在线网 2006 年 11 月 15 日消息:11 月 13 日,天山区人民法院一审判令一份 32 万元企业借贷合同无效,出借方本想通过诉讼惩罚赖账的企业,不想法院却说其无权索要利息和违约金。

2005 年,筑路公司因急于为企业职工缴纳养老金向名贵公司提出借款,双方签订一份"借款协议书",约定筑路公司因企业资金周转困难向名贵公司借款 30 万元,借款期限为 6 个月,到期后一次性还本付息,借款利息按照同期商业银行贷款利率计算。

2005 年 7 月,双方就借款相关事宜签订"借款协议书",并约定了借款期限、利息及违约责任。直至 2006 年 1 月,名贵公司分别于 2005 年 7 月 12 日、7 月 28 日,2006 年 1 月 9 日分三次向筑路公司借款共计 32 万元,筑路公司向名贵公司出具了三份收款收据。双方还约定如发生任何影响名贵公司实现债权的事由,筑路公司除向名贵公司偿还借款本息外,还应向名贵公司支付违约金 10 万元。

借款到期后,名贵公司多次索要未果,提起诉讼。然而,筑路公司却拿出一份"兼并重组意向协议书",证明名贵公司先期借资用于偿付筑路公司欠缴的社会保险统筹费用及其滞纳金,是双方兼并改制的情况下形成的。

天山区法院认为,企业借贷合同违反有关金融法规,属无效合同。

问题:上面案例融资属于什么信用形式?商业信用有什么特点与局限性?

大连出版社教学支持说明

  为了建设立体化精品教材,秉承大连出版社对于其教材类产品的一贯教学支持,我们将向使用本套教材的高校教师免费提供教学课件和习题答案。
  为确保此资源仅为教师教学使用,烦请授课老师清晰填写如下开课情况证明,并邮寄(传真)至以下地址,我们据此给您提供下载密码。谢谢您的合作!
地   址:大连市高新园区亿阳路6号三丰大厦A座18层 大连出版社
邮   编:116023
电   话:0411-83620722 83620453
传   真:0411-83610391 83620941
电子邮箱:tianshi_hjj@126.com

证　　　明

  兹证明_____大学_____系/院第_____学年开设的_____课程,采用大连出版社出版的_____作为本课程教材,授课老师为_____,学生_____个班共_____人。
  授课教师需要的与本书配套的教学课件和习题答案为:
_____。
邮   编:_____
地   址:_____
电   话:_____
电子邮箱:_____

系/院主任:_____(签字)
(系/院办公室盖章)
20_____年_____月_____日